は じ め に

　クレジット取引セキュリティ対策協議会が策定した「クレジットカード取引におけるセキュリティ対策の強化に向けた実行計画」により、国内の決済事業者、加盟店の取り組みは大きく進展した。国内でも「国際水準のセキュリティ環境」に徐々に近づいているといえる。

　その一方で、国際的な不正犯によるカード情報の窃取、不正手口の多様化、セキュリティ対策が脆弱な決済事業者の参入などにより、不正利用被害額は増加しているそうだ。今後は、実行計画後の取り組みとなる「ポスト 2020」、「クレジットカード・セキュリティガイドライン」により、変化する不正利用への対策が求められる。

　TI プランニングでは、これまで「paymentnavi（ペイメントナビ）」によるセキュリティ関係の記事紹介、「ペイメントカード・セキュリティフォーラム」等のセミナー開催、複数の冊子やレポートの発行などを行ない、不正対策関係の記事を紹介してきた。

　「キャッシュレス・セキュリティガイド」では、最新のセキュリティトレンドや事例を盛り込んだ内容となっている。本書の発行により、国内ですそ野が広がるキャッシュレスサービスの不正利用対策の一助になれば幸いである。

JN118874

書籍「キャッシュレス・セキュリティガイド」
最新のセキュリティ動向やPCI DSS等の事例、グローバルの状況を徹底網羅

目　次

「ポスト2020」、実行計画後のセキュリティ対策の動向は？国内でも利用が拡大、多様化する決済において不正対策は重要に

クレジットカード取引では、利用者および加盟店のICカード対応が進行している。また、加盟店のカード情報の非保持化など、セキュリティ対策も進んでいる。近年では、銀行口座と直結した決済サービス等が増えており、そのセキュリティ対策も重要となる。本稿では、ペイメントサービスにおけるセキュリティ対策について概観したい。

カード発行、加盟店対応ともにIC推進により成果

国内では、2015年にクレジット取引セキュリティ対策協議会が設置され、2016年2月に「クレジットカード取引におけるセキュリティ対策の強化に向けた実行計画」が公表された。2020年に向けて国際水準のクレジットカード取引のセキュリティ環境の整備が命題となった。同実行計画では、(1) クレジットカード情報保護対策、(2) 対面取引における不正利用対策（偽造カード防止対策）、クレジットカード偽造防止による不正利用対策、(3) 非対面取引における不正利用対策（なりすまし防止対策）の3本柱に分けられた。その結果、カードセキュリティの対策は前進したが、不正利用の手口の巧妙化、多様化により不正利用被害は増加している。新型コロナウィルスの感染拡大により、非対面取引が増えていることもあり、その対策はより重要となる。2020年3月、同協議会では、実行計画後の取り組みとなる「クレジットカード・セキュリティガイドライン」を公表した。

クレジットカード市場の現状として、不正利用被害の発生状況として、2019年の被害額は273.8億円で2018年の235.4億円を上回っている。2019年の被害額のうち、非対面の被害となる番号盗用は222.9億円と、2018年の187.6億円を上回った。一方で、偽造カードの被害は17.8億円となり、2016年、2017年と比較すると大きく減少し、IC推進の成果が表れている。

カード会社やPSPはPCI DSS準拠が必須に

実行計画を分野別にみると、加盟店はカード情報非保持化（同等相当を含む）、もしくはカード情報を保有する場合にはPCI DSS準拠が求められる。現状、数多くの加盟店はカード情報の非保持化を選択。また、ファストフード、コンビニエンスストアなど、一

クレジットカードのEMV ICカード化が進む。楽天カードのようにEMVコンタクトレス搭載カードも増えてきた（出典：楽天カード）

部の大手加盟店はPCI P2PEソリューションを採用することで、非保持化同等相当を実現させている。加盟店の非保持化が進む一方で、ECサイトの設定不備などを狙って侵入し、サイトを改竄して摂取する手口に不正がシフトしている。2019年は、サイト構築パッケージ「EC-CUBE」の脆弱性が問題となった。また、本書の事例でも紹介しているように、カード情報を伝送、処理、保存するカード会社やサービスプロバイダにはPCI DSS対応が求められる。さらに、サーバレス対応で準拠を果たしたミクシィやテレコムクレジットのように、その対応方法もさまざまであり、多様化している。

「決済の歴史は不正利用との戦い」と言われているように、非保持化やPCI DSS準拠等のカード情報保護対策は一過性のものではない。安全性確保のための維持・管理を継続して行うことが求められる。さらに、巧妙化するサイバー攻撃への対応を含むセキュリティ対策の改善・向上に向けた取り組みが重要だ。

ここ数年は、クレジットカード以外にも決済手段が多様化している。特に、近年は、コード決済サービス事業者やECモール事業者、さらに、それらの事業者から委託を受けて大量のクレジットカード番号等を取り扱う事業者など、プレイヤーも増えており、それぞれの対応が求められる。

クレジットカードの偽造防止は、前述のように成果が生まれてきている。各イシュアのICカード化が進み、加盟店のICクレジットカード端末の導入も一般的となった。カードのIC化率、CCT端末のIC対応率も100%に近づいてきている。さらに、POSシステムでクレジットカード決済を行っている加盟店もIC対応を推進している。欧州などでは、IC対応はすでに各国で進んでいるが、国内でも同様の流れとなっている。

なお、日本固有の商慣習や業務特性、端末の設置環境等により国際的なセキュリティ基準に完全準拠させることが現状困難な特定業界向け（ガソリンスタンドに設置の精算機（ガスPOS）／オートローディング式自動精算機）のIC対応に関しては、代替コントロール策による暫定的なIC対応の指針を示し、関係事業者が対応を実施している。ガソリンスタンドに設置する精算機については、「国内ガソリンスタンドにおけるICクレジットカード取引対応指針」、また、オートローディング式自動精算機については、「オートローディング式自動精算機のIC対応指針と自動精算機の本人確認方法について」がまとめられた。

多面的、重層的な対策が重要

コロナ禍において、トランザクションが増加する非対面取引における不正利用対策では、オーソリゼーション処理の体制整備と

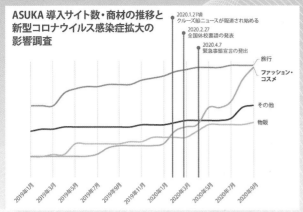

ASUKA 導入サイト数・商材の推移と新型コロナウイルス感染症拡大の影響調査

2020.1.21頃
クルーズ船ニュースが報道され始める

2020.2.27
全国休校要請の発表

2020.4.7
緊急事態宣言の発出

旅行
ファッション・コスメ
その他
物販

2019年1月　2019年3月　2019年5月　2019年7月　2019年9月　2019年11月　2020年1月　2020年3月　2020年5月　2020年7月　2020年9月

アクルは、2020 年 12 月に新型コロナウイルスの拡大により、これまで旅行商材をターゲットに不正購入を繰り返していた犯罪集団のターゲットが、ファッションやコスメの領域にシフトした可能性が伺える結果を公表

NTT ドコモの「ドコモ口座」の不正利用が大きなニュースに

加盟店契約上の善管注意義務の履行、加盟店のリスクや被害発生状況等に応じた 4 方策をベースにした加盟店への不正利用対策の導入を求めている。「本人認証」「券面認証（セキュリティコード）」「属性・行動分析（不正検知システム）」「配送先情報」の一定の効果が得られる方策だ。

加盟店のリスクや被害状況に応じた方策の導入指針として、①「全ての非対面加盟店」は、加盟店契約における善良なる管理者の注意をもって不正利用を防止するとともに、オーソリゼーション処理の体制を整備、②「高リスク商材取扱加盟店」は、「デジタルコンテンツ（オンラインゲームを含む）」「家電」「電子マネー」「チケット」を主たる商材として取り扱う加盟店を「高リスク商材取扱加盟店」とし、不正利用対策の 4 つの方策のうち 1 つ以上の導入を求める、③不正顕在化加盟店は、カード会社（アクワイアラ）各社が把握する不正利用金額が「3 カ月連続 50 万円超」の加盟店には不正利用対策の 4 つの方策のうち 2 つ以上の導入を求める、となっている。

また、これまでは換金性の高い商材の不正が多かったが、近年では宿泊予約サービスの不正利用被害が急増しているため、高リスク商材に追加している。

コード決済の銀行口座への不正な紐づけが問題に

本書では、アクルやマクニカネットワークスなど、不正検知システムを提供する企業の取り組みを紹介しているが、同システムを導入して一定の成果を上げている企業もあるそうだ。また、「3-D セキュア 2.0」の動向を紹介。これまでの 3-D セキュア 1.0 では、全取引に対して追加認証を要求しており、いわゆる "カゴ落ち" リスクが増大し売り上げ減につながるとの危惧から、大手 EC モールなど加盟店での導入が進まなかった。バージョン 2 では高リスクの取引にのみ追加認証を要求するリスクベース認証を採用することにより、利便性とセキュリティを享受できると期待されている。2021 年 10 月に Visa のライアビリティシフトのルールが変更され、Mastercard、American Express も 3-D セキュア 1.0 の閉塞に向けたプログラムが進行しており、今後は国内での導入が進む可能性もある。

さらに、技術の進展、スマートフォンといったスマートデバイスの普及等により、コード決済等新たな決済サービスが登場。一方、技術整備の遅れから、決済サービス事業者や銀行のセキュリティの脆弱性を狙ったクレジットカードの不正利用事案が発生している。

2018 年は、PayPay のコード決済サービスに不正に入手したクレジットカード情報が登録され不正利用されたことが問題となった。経済産業省は、コード決済事業者等に対して、キャッシュレス推進協議会が取りまとめた「コード決済における不正流出した

クレジットカード番号等の不正利用防止策に関するガイドライン」などの遵守、セキュリティレベルの向上を要請した。また、2020 年下期は、NTT ドコモの「ドコモ口座」の不正利用が発生し、話題となった。同不正利用は、第三者が銀行の口座番号やキャッシュカードの暗証番号等を不正に入手し、ドコモ口座に銀行口座を新規に登録することで起きたものだ。犯罪者は、被害者の名前、口座番号、暗証番号を入手して、不正を行った。キャッシュレス推進協議会では 2020 年 9 月、「コード決済における不正な銀行口座紐づけの防止対策に関するガイドライン」を公表し、他人の銀行口座が不正に紐づけされ、銀行口座の名義人の残高が不正に利用される不正に対しての対策を示している。

決済代行やコード決済事業者等に PCI DSS 準拠求める

なお、クレジット取引セキュリティ対策協議会は、「クレジットカード・セキュリティガイドライン」において、割賦販売法におけるクレジットカード番号等の適切管理義務の主体であるクレジットカード番号等取扱業者が講ずべき「必要かつ適切な措置」の実務上の指針となるセキュリティ対策を策定している。第 201 回通常国会で「割賦販売法の一部を改正する法律（令和 2 年法律第 64 号）」が成立し、クレジットカード番号等取扱業者の拡充が行われた。同改正法が 2021 年 4 月 1 日より施行となる。また、「ガイドライン」は、2021 年 3 月に改定する予定だ。

これによると、新たに追加される事業者は、①特定のアクワイアラのために加盟店に立替払いをする業務、②加盟店のためにクレジットカード情報をアクワイアラに提供する、決済代行業者等（法 35 条の 16 第 1 項第 4 号又は第 7 号該当事業者）となり、EC モール、EC システム提供会社等の業務を含む。また、① カード会員からカード情報の提供を受けて QR コードや決済用の ID など対面取引・非対面取引の決済に用いることができる情報と結び付け、カード会員に当該情報を提供する業務、② 上記①の事業者から委託を受けてカード情報を他の決済情報により特定できる状態で管理する業務を行うコード決済事業者等（法 35 条の 16 第 1 項第 5 号又は第 6 号該当事業者）となる。具体的に講ずるべきセキュリティ対策（必要かつ適切な措置）として、「決済代行業者等（4 号、7 号）」および「コード決済事業者等（5 号、6 号）」に求められる必要かつ適切な措置は、PCI DSS の準拠となるそうだ。「決済代行業者等（4 号、7 号）」および「コード決済事業者等（5 号、6 号）」が、カード情報を取り扱う業務を外部委託する場合は、委託者自身が委託先のセキュリティ状況を確認し、責任を持って PCI DSS 準拠等の必要な対策を求めるとしている。

さらに、本書では、① COVID-19（コロナウイルス）のパンデミックとカード不正、②カード不正・犯罪の進化、③デジタル ID に対する不正攻撃、④個人情報窃盗（Identity Theft）、⑤フィッシング（Phishing）詐欺、⑥ ATO（Account Take Over、口座の乗っ取り）、⑦イギリスの APP（Authorized Push Payment Fraud、承認されたプッシュペイメント不正）といった国際的な不正の動向も紹介している。国際的な不正の動向や手口を知ることで、国内の事業推進にも生かしてもらいたい。

PCI SSC（PCI セキュリティ スタンダード カウンシル）

PCI SSC ペイメントセキュリティ、現在と将来のニーズに応えて

ペイメントカード業界の国際的な基準管理団体である PCI SSC（PCI セキュリティ スタンダード カウンシル）は、PCI 関連基準の啓発と推進に向けた奉仕活動を主導する役割を担っている。今回のフォーラムでは、PCI DSS バージョン 4.0（以下、PCI DSSv4.0）（ドラフト）の概要と策定プロジェクトの最新状況、また策定作業への参加とバージョン 4.0 で求められる人材の育成について解説した。

PCI セキュリティ・スタンダード・カウンシル アソシエイト・ダイレクター　日本
井原亮二氏

アジア太平洋地域コミュニティ ミーテイングをオンライン開催

　ペイメントビジネスの世界でもコロナ禍によっててさまざまな影響を受けています。感染予防の観点から、キャッシュレス化の流れをさらに後押しする形で、決済が接触から非接触、対面から非対面への移行がさらに進み、一方ではリモートオンラインの普及に乗じたサイバー攻撃やカード情報流出事故なども増加しているとの報告があります。

　こうした状況の中、PCI SSC では　PCIDSS につき現行の v3.2.1 から v4.0 への移行プロジェクトを進めています。v3.0 が発行されたのが 2013 年ですので、8 年ぶりの大改訂になる見通しです。

　日本では 2018 年に割賦販売法が改正され、PCIDSS が実質的な法律要件の一部となってから初めて経験する大きな改訂になります。DSS 準拠に取り組む事業者の皆さまとともにそれを支援する業界団体、審査機関、セキュリティソリューションベンダーなど、v4.0 への移行がスムーズかつタイムリーに行われるようにサポート活動が来年以降の重要なポイントになってきます。

　このような背景の中で、今回のセッションでは「2020 年ペイメントセキュリティのニーズに応えて」と題しまして 2020 年から 2021 年以降を見据え、PCI SSC としての対応・取り組みなどコロナ対策と v4.0 プロジェクトの状況を中心にご報告をさせていただきます。

　本題に入らせていただく前に、2020 年 11 月 4 ～ 6 日の 3 日間、「PCI SSC のアジア太平洋地域コミュニティミーテイング」が行われましたので簡単にその概要をご報告させていただきます。例年アジア太平洋各地でオンサイトで開催される PCI SSC としてアジア地域最大の年次イベントですが、2020 年はコロナ感染のことがありすべてオンライン開催となりました。オンラインサイトでは、イベントロビーから、General Session、ベンダーショウケースのコーナー、各ブランド窓口などに行くことができます。セッションは英語でしたがすべて日本語訳がテロップで流れました。また質問などはチャット、PC でのビデオ会議も可能でした。チャットでは通訳機能が付いていて日本語での質問も可能でした。アジア太平洋のコミュニテイミーティングは毎年 300 名ほどの関係者が集まる場ですが、今回は 400 名以上のエントリーがございました。これは従来オンサイトで実施した場合、出張を伴う関係で参加者が限られていましたが、オンライン化されたため、在宅・勤務先からでもアクセスできたことが大きいと思います。

PCI セキュリティ・スタンダード・カウンシル アソシエイト・ダイレクター　日本 井原亮二氏

　今回のハイライトは何といっても PCI DSSv4.0 に関心が集中しており、開催 3 日間のうち 1 日ずつテーマを小分けにして掘り下げた説明が行われました。初日は概要編、2 日目は「カスタマイズドアプローチ」、3 日目は「認証」そして「サードパーティサービスプロバイダー」にテーマを絞り該当要件の変更ポイントが解説されておりました。

　また、「リージョナルパースペクティブ」というテーマで UK（イギリス）、ブラジル、インド、日本の SSC スタッフがパネルディスカッション形式で、それぞれの国のカード犯罪の状況、ニューテクノロジー、行政当局との関係、ローカルな支援者・パートナーなどについて発表が行われました。

　特に、日本においては改正割賦販売法、ポスト実行計画と PCI DSS の関係、キャッシュレスへの取り組み、QR コード決済を始めとした新しい決済スキームと中小 EC 加盟店で起きているサイバー攻撃など課題が報告されました。

PCI DSS v4.0 の進捗状況

　それでは本セッションの本題に戻りまして、まず最初に PCI DSSv4.0 の状況についてご報告いたします。コロナウイルス感染問題が世界的規模で広がる中、v4.0 策定プロジェクトは概ねスケジュール通りに進行しています。

　第 1 回の RFC（2019 年 10 月～ 12 月）では 3,000 件以上のフィードバックをいただき、それを 1 件ずつレビューを進めておりました。その作業が終了したのは 2020 年 6 月です。この RFC（Request For Comments）とは、広く PCI SSC にご参加されている参加団体（PO：Participating Organization）、QSA（認定審査機関）、ASV（認

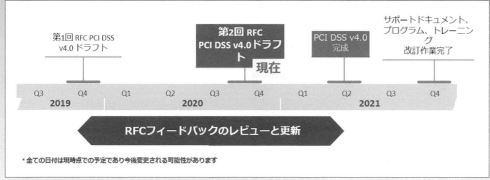

PCI DSS v4.0 策定タイムフレーム

定スキャニングベンダー)などの皆様に v4.0 のドラフトをレビューしていただき、それぞれのお立場から色々なご意見、フィードバックをいただき、それに応じて修正を施してゆくプロセスになります。今回の v4.0 では 2 回の RFC のプロセスが行われました。これに基づき必要な修正を施したバージョンで第 2 回目の RFC が 2020 年 9 月 23 日〜 11 月 13 日まで実施されています。

図のチャートは v4.0 の策定タイムフレームです。最終的に v4.0 は 2021 年中頃に完成予定です。その後、各種のサポートドキュメント、例えば SAQ(自己問診表)，AOC（準拠証明書）、Report on Compliance (ROC) テンプレートなどが数か月で完成させリリースされます。サポートドキュメントがリリースされるのは 2021 年第 4 四半期になる予定です。それから起算し 18 か月の移行期間に入ります。ですので結果的には v4.0 リリースから起算すると 2 年間の対応準備期間が設定されることになります。

v4.0 策定後の移行スケジュール

v4.0 策定後の移行スケジュールについてご説明します。サポートドキュメントがリリース後 18 か月間、1 年半の移行期間が開始されますが、その期間中は v4.0 もしくは現状の v3.2.1 いずれでもアセスメントが可能です。2023 年第 2 四半期で移行期間が終了されますと、現状の v3.2.1 が引退することになり、それ以降は v4.0 のみとなります。

なお、v4.0 には「未来日付」が設定される要件がありまして、それらの要件についてはその期限が来るまではベストプラクティスとして見なされますので対応できていなくても問題ありません。ただ、どの要件について、いつまでの「未来日付」が付与されるかは今回の RFC のご意見も参考にし決定される見通しですので最終的には最終版が発行されるまで確定しません。現時点では v4.0 の策定プロセスの途上にあるわけですが、第 2 回 RFC で提

示されたドラフトが最終ドラフトとなります。ただしこれはあくまでドラフトであり、確定版ではありませんので、これをベースに対応作業を開始しないでください。最終版で削除されたり変更されたりする要件がでてくる可能性があります。PO、QSA、ASV の皆さまには RFC の機会を通じドラフトレビューと意見提示の機会が与えられます。皆様のご意見が v4.0 を形づくることになります。

第 1 回目の RFC レビューの結果はサマリーレポートを作成し、第 2 回目の RFC にご参加された PO、QSA、ASV の皆様にドラフトとともにご提示させていただいています。RFC を通じ提示された意見は SSC により、全件レビューされ、改訂作業の参考資料とされます。第 2 回目 RFC のドラフトはコンフィデンシャル文書ですので、一般にご覧いただくことができません。ただし、第 1 回目の RFC の結果、提示されたご意見、フィードバックのハイライトはすでに公に発表されており、これらが第 2 回目のドラフト作成に大きく反映されております。そこからどのような項目が見直されたのか、鍵となるポイントについて読みとることはある程度可能です。

RFC からのフィードバック

具体的には、まず要件 4 で「カード会員データのすべての伝送に強力な暗号化」を求める要件について大変多くの意見が提出されました。外部ネットワークや公共ネットワークへの伝送については、v3.2.1 でも暗号化が要件とされていましたが、第 1 回目の RFC ドラフトでは、それが内部のネットワークを含め「全ての伝送」とされていました。この部分に見直しが入るものと想定しております。

また要件 8 の認証については大変多くのフィードバックがございました。パスワードの変更に関する見直しについて、業界のほかのガイダンスとの整合性についてフィードバックが多く寄せられていました。また、新しいパスワードを設定する場合について、過去のパスワードや不良とされるパスワードのリストとの照合についても触れています。多要素認証を採用する場合、全ての認証ファクターが完了するまで認証の合否を伝えてしまうと、どの認証ファクターが失敗したのか犯罪者に分かってしまい多要素認証の効果を低減させてしまう、とのフィードバックがございました。また、アプリケーションやシステムアカウント用にもセキュアな認証が必要とのフィードバックがございました。

要件 12 について、年次のリスクアセスメントやデータの検知と流出防止のための手法についてフィードバックがございました。システム内に平文の PAN を検知する手法についての必要性とフィードバックがございました。これらのフィードバックについて、どのように検討・対処するのか、各対応が第 2 回目の RFC のドラフトで提案されています。

RFC のフィードバックを最

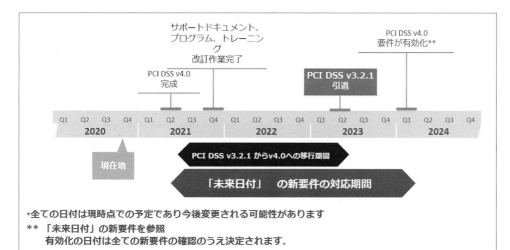

PCI DSS v4.0 移行タイムライン

大限修正に反映させることを基本とする一方で、留意すべきポイントについても押さえておく必要があります。PCI SSC はペイメントのセキュリティニーズに対応し、有効で可用性のある基準を維持するために努力を続けます、そのために特に次のような4つのポイントを自らに問い続けます。

まず第1に、この要件は本当にセキュリティベネフィットを付加し、セキュリティ脅威に有効に対応するのか?、第2に、この要件の目的や意味が明らかになっているか?、第3に、中小加盟店や大規模なプロセッサーによっても対応できるように広範に適用可能な要件となっているか?、第4に、この要件は他の手法でも対応可能な柔軟性を有しているか?、など PCI DSS が引き続きグローバルにペイメントデータを保護するための基準として採用され続けていくための基本的な要件について検討しております。

この v4.0 第2ドラフトで注目すべき改訂ポイントの1つとして、「カスタマイズドアプローチ」があります。これは要件が目指している本来の目的を明らかにし、それを達成するための手法として、DSS に記載されている手法でなく、異なる技術や新しい技術や手法による個別・独自の対応を評価し自社がどのように要件の目的を達成しているかを説明し、さらにそれが実際に機能していることをテスト手順を通じ証明します。もちろん、事業者は要件書の記載通りバリデーション手法・テスト手順を希望される場合はその対応を継続することは可能です。このようにバリデーション手法について2つのアプローチの選択肢を提示することにより、事業者は各要件において自社のセキュリティ対策に相応しい手法を選択することができます。

カスタマイズドアプローチでは QSA など評価者に対し、DSS 要件の目的とそれを達成するための自社対応を説明し QSA と協議できるスキルを有する、例えば ISA(内部セキュリティ評価者)や PCIP(PCI プロフェッショナル)などの人材が必要となってくるでしょう。このトピックでは大変多くのフィードバックや質問が寄せられました。具体的には、誰が、どのように、どれくらい詳細になど、さまざまなフィードバックが寄せられました。

RFC のフィードバックをベースに 見直された事例

このフィードバックを第2回目の RFC で配布されたカスタマイズドアプローチのための「追加ガイダンス」のドラフトの中に反映しました。第1回目の RFC のフィードバックをベースに見直された事例のいくつかをご紹介いたします。

まず最初に、「アカウントデータ」という言葉の定義と構成要素をより明確にしています。また、16桁の PAN、または PAN に紐づくそれ以外のカード会員データ、センシティブ認証データなど、言葉の定義をより明確にいたします。次に、PAN の存在と不存在で、すなわち PAN と紐づいていないセンシティブ認証データのみが独立して存在している場合など、センシティブ認証データの保護要件に影響があるのかについて明確化します。

次に、PCI DSS と PA-DSS の関係性については、PA-DSS は 2021年に新しい PCI ソフトウェアセキュリティ基準およびライフサイクル基準に置き換えられます。これら2つの基準で評価、認定されたソフトウェアプロダクトとソフトウェア開発ベンダーが v4.0 の準拠にいかに有効で役立つかを示す一覧表が掲載されます。

さらに第1回目の RFC のフィードバックをベースに、PCI DSS 要件のスコーピングとサンプリングのセクションを追加・更新しました。スコーピングでは v3.2.1 の Appendix: D の「ビジネス設備とシステムコンポーネントのセグメンテーションとサンプリング図表」に新しくスコーピングの図表を追加し、システムが PCI DSS 要件のスコープの内側か外側かを判断する基準を明確にし、

Appendix からネットワークセグメンテーションの項目に移行しました。また、サードパーティサービスプロバイダーへのアウトソーシングに関する解説も追加されています。

一方で、サンプリングに関しては クラウドやソフトウェアの設定管理ツールを含むシステムコンポーネントについて、より多くのサンプリングを求めています。評価者のサンプリングに関するガイダンスも追加されております。要件が継続的に確立されていることを確実にするための定期的な実効性テストなどが新たに含まれます。さらに代表サンプルの選択方法に関するガイダンスも追加されています。

次に、要件のなかで表記されるタイムフレームの記述に関するフィードバックも多数寄せられていました。例えば「毎日」「毎週」「毎月」「四半期毎」など、また「定期的」「速やかに」「即座に」などの表記についてより明確にし、土日祝祭日、うるう年、などの考え方も事例を記載しています。例えば、「30日毎に実施すべし」とされている場合に、もし、32日になってしまったら これを「未準拠」とするのか?、というご質問にも答えています。

また、第1回目 RFC ドラフトでカスタマイズドアプローチにおいて「意図(Intent)」と表現しましたが多くのフィードバックで意味がよく理解できないとのことでしたので、これを「目標(Objective)」に置き換えました。

そのほか、カスタマイズドアプローチについて大変多くのご質問をいただきましたが、新しい Appendix:B で「カスタマイズドアプローチに関するガイダンス」を追加し、この中で多くの皆様のご質問に対する回答が含まれていると考えています。

新型コロナウイルス感染拡大の PCI への影響

続きまして、新型コロナウイルス感染拡大は PCI 基準・プログラム運営にも影響を及ぼしており、それらに対応するための臨時措置について、特に日本に影響のあるものをご紹介いたします。PCI SSC のサイトでは、コロナウイルス関連の特設サイトのリンクがあります。まず最初に PTS POI の期限延長が発表されています。PTS とは「PCI PIN Security Transaction Standard」のことです。PIN は DSS でもセンシティブデータとして高いレベルのセキュリティ要件が課せられていることはご存知の通りです。PTS の認定対象デバイスには HSM(Hardware Security Module)と POI(Point of Interaction)の2種類があります。特に POI については 2020年6月に新しく v6.0 がリリースされました。一方で古い v3.0 は 2020年4月が設置期限とされていました。しかるに、今般デバイスの製造に必要なベンダーのサプライチェーンが停滞してしまい、4.0 以降のデバイスの調達に支障が出ていることが報告されました。そのため v3.0 の使用期限を1年間延長し、2021年4月末までとされました。

なお、この POI 期限の考え方ですが、期限切れの POI デバイスの使用可否については各ブランドが地域別に個別方針を定めている場合がありますので、念のため各ブランドに確認する必要があります。一般的には既存設置分については期限切れ後5年間継続使用可能ですが、期限切れ後の新規設置は不可になっています。

PIN セキュリティ要件の実施期限延長や P2PE 特例措置

次に、PCI PIN セキュリティ要件(18-3)で規定されている「Key Block」の導入について、その対応期日を一部延期いたしました。PCI PTS では PIN ブロックを安全に転送するために鍵の交換について Key Block と呼ばれるフォーマットの採用を要件にしてい

・ COVID-19に関係するサプライチェーンの行き詰まりに対応するため、PCI SSCは PCI PIN Transaction Security Point-of-Interaction (PTS POI) v3.0 デバイスの導入期限を 2020年4月30日から2021年4月30日に変更しました

PTS POI 期限延長

ます。インターナルなネットワークでの鍵の交換についてはすでに 2019 年に完了しています。一方で、外部ネットワークとの接続、鍵交換については 2021 年 6 月からでしたが、これを 2023 年 1 月に 18 か月延長しました、さらに　加盟店、POS、ATM 端末との接続および鍵交換については、2023 年 6 月を 2025 年 1 月とし、やはり 18 か月間延長されています。これは、2020 年 7 月 17 日付でブリテンが発行されており、即日有効になっています。要件書はまだ更新されていませんが、2020 年内に v3.1 が発行されまして、その中でこれらの日付が更新される予定です。

特に PIN を扱うソリューションベンダーや ATM アクワイアラ、プロセッサー、ネットワークの皆さまが関係すると思います。これに併せ、P2PE の要件 (18-3) でも同期をとる形で、POI についても同じく Key Block の対応期限が延期されています。

次に P2PE についての特例措置です。P2PE は日本では加盟店の「カード情報非保持化（同等相当）」を実現できるパッケージソリューションとして位置づけられています。さらに P2PE を導入すると PCIDSS 準拠まで SAQ（自己問診表）の P2PE 版で、残された 33 要件をクリアすれば完全準拠できることもあり、非常に有効な基準であり、ソリューションとなっています。そのため日本でもここ数年多くの P2PE ソリューションがリリースされています。

この P2PE のプロダクツは先ほどの POI デバイスから始まり、暗号化されたカード情報の復号化環境までを含む、ソリューション、コンポーネント、およびアプリケーションで構成されています。このプロダクツとしての P2PE について、各年次のリバリデーションおよび 3 年ごとのリアセスメントが必要とされています。しかしコロナウイルス問題の影響でこれらが期限内に間に合わない可能性がある場合に臨時措置を発表しています。

まず年次のリバリデーションについては、この復号化環境について PCI DSS オンサイトアセスメントが必要ですが 2021 年 6 月末までに期限を迎える場合で事前に報告された場合は PCI DSS アセスメントのチェックボックスのチェック無しでも年次の AOV（バリデーション証明書）を SSC は受理します。また 3 年ごとのリアセスメントでは 2021 年 6 月末までに期限を迎える場合で事前申告があった場合はさらに 6 カ月間期限を延長します。

リモートによるオンサイト評価の実施

次にリモートによるオンサイト評価についてです。PCI DSS のアセスメントはオンサイトで実施することを前提としてテスト手順などが要件定義されていますが、コロナウイルスによる在宅勤務や出張などの移動制限のために実施が難しくなっているとの相談が各地に寄せられました。日本でもアクワイアラ、サービスプロバイダなどからオンサイトレビューができないので期限に間に合わ

・ PCI SSCは PINセキュリティ要件 (18-3) のKey Block の実施期日を見直し延期しました
この変更は即時有効となっています、この変更は年内に発行されPCIPINセキュリティ要件およびテスト手順v3.1で反映されます
・ 改訂後の期日の詳細等は下記サイトからブリテンをご覧ください
https://www.pcisecuritystandards.org/pdfs/Key%20Block%20Implementation%20Revision%20Bulletin%20FINAL.pdf

PCI PIN セキュリティ要件の実施期日延長

ないとの相談が寄せられていたようです。オンサイトでの診断を前提としていますが、やむを得ない場合はリモートで実施してもよいかという問合せが、審査機関からも PCI SSC にも来ていました。

本件について PCI SSC では「追加的ガイダンス」としてブログを投稿しています。これは日本語訳版を作成し JCDSC（日本カード情報セキュリティ協議会）のウェブサイトでご紹介させていただきました。

SSC として表明しているのは「本来オンサイトで実施すべきレビューについてコロナウイルス感染拡大の影響などでできない場合、やむを得ずリモートで実施する場合は、それによってレビューの品質が低下しないように注意すべき」といっています。リモートで実施することにより他の要件を緩めたりセキュリテイを弱めるような対応をしてはなりません。最終的にリモートによるアセスメントが可能かどうかは、個別の状況を見ながら審査員が被監査企業と協議のうえ各要件単位で判断してください、また、リモートで実施した場合は ROC などにその経緯、理由、アセスメントの方法・内容など記録を残しておくべき、とお願いしています。

結果として、やはりオンサイトによるレビューが必要で、設定された期限に間に合わない場合は、実行計画であれば日本クレジット協会やアクワイアラ、ブランドルールに基づく期限であれば各ブランドに相談すべきとしています。PCI SSC は 5 ブランドと常に連携しており、コロナの状況を勘案し柔軟に対応することを表明しています。

2020 年 6 月に東京・お台場で予定されていたオンサイトによる ISA、QSA のトレーニングと資格テストは一旦キャンセルになりました。これは日本だけでなく全世界ベースで PCI SSC として年内は安全に対面で集合研修を実現するのは困難と判断しています。というものの 2021 年のいつになったらオンサイトトレーニングが可能かという見通しも難しい状況です。そこで、PCI SSC では 2020 年 10 月 15 日にリモートオンライン方式による日本語同時通訳を付けた ISA/QSA トレーニングコースと資格認定テストを実施いたしました。その結果 40 名以上の方々がご参加されました。

v4.0 への移行を控え、PCI DSS 要件とペイメントセキュリティに関する人材育成は大変重要な課題になっています。

中国銀聯が PCI SSC に
ブランドとして参画

最後になりますが、新しい情報を 1 つお届けします。アメリカの大統領選挙の前日になる 2020 年 11 月 2 日付で PCI SSC はあるニュースリリースを発表しています。当然、大統領選挙に世界中の関心が集中していた時期でしたので、メディアで大きく取り上げられることはございませんでしたが、PCI SSC に新しく銀聯（ユニオンペイ・インターナショナル）がブランドとして参加することになりました。

さまざまな困難な状況の中、ユニオンペイ・インターナショナルは今後、国際 5 ブランドとともに PCI SSC の枠組みの中で、各 PCI 基準の策定などに参加・協力することが合意されました。これにより PCI 基準はさらにグローバルな統一基準として認識され、世界各地でペイメントセキュリティのステークホルダーに貢献していくことになります。

PCI SSC はステークホルダーの皆様と緊密に連携しながら、この重要かつ困難な局面を乗り越えて、2021 年をポストコロナに向けての飛躍の年にしてまいりたいと考えております。

※本記事は 2020 年 11 月 13 日に開催された「ペイメントカード・セキュリティフォーラム 2020」の PCI セキュリティ・スタンダード・カウンシル アソシエイト・ダイレクター　日本 井原亮二氏の講演をベースに加筆 / 修正を加え、紹介しています。

PCI DSS 準拠事例

国際セキュリティ基準「PCI DSS」準拠に向けた取り組みは？

国内のカード会社やプロセッサーなどに求められる PCI DSS 準拠。ローソン銀行、ミクシィ、QUADRAC、Paidy の準拠に向けた取り組みに加え、テレコムクレジットのサーバレスアーキテクチャ導入について紹介する。

ローソン銀行

「ローソン Ponta プラス」のイシュイング業務で PCI DSS 準拠 国際的な決済のセキュリティ基準を想定したシステム設計

ローソン銀行は、ローソン店舗などで共通ポイントサービス「Ponta（ポンタ）」が貯まり、利用できるクレジットカード「ローソン Ponta プラス」を 2019 年 1 月 15 日から発行しているが、2019 年 9 月に PCI DSS v3.2.1 の準拠証明書を取得した。同行にとって ATM 業務に次ぐ PCI DSS 準拠の経緯について、話を聞いた。

左からローソン銀行 コンプライアンス部 コンプライアンス課 マネジャー 樋口千春氏、リテール事業部 武田直樹氏

ATM 業務は 2016 年に準拠 イシュイングは準拠を想定した システム設計に

ローソン銀行は、2018 年 8 月に銀行免許を取得して、同 9 月に銀行として開業した。同 10 月に銀行口座のサービスを開始して、2019 年 1 月に同行自らのイシュイングによるクレジットカード「ローソン Ponta プラス」を発行している。「ローソン Ponta プラス」の会員数は現在 9 万人。ローソン店舗で Ponta ポイントを貯めたり使えたり、無料クーポンをお得に使えたり、ローソンや関連施設の利用で特典が受けられる。

ローソン銀行では、ATM 業務において、事業承継前に同業務を運営していた株式会社ローソン・エイティエム・ネットワークスが 2016 年 7 月に PCI DSS を取得しており、毎年審査を継続している。イシュイング業務においても 2018 年 10 月に審査・コンサルティング会社に依頼して取得の準備を開始した。

イシュイング業務の開始に向けて、「PCI DSS は経済産業省の実行計画でも定められていますので、準拠すべきものであると考えました。システムを構築する際も PCI DSS 準拠を想定してシステムを設計しております」と、ローソン銀行 リテール事業部 武田直樹氏は説明する。

三菱UFJニコスのサーバとセキュアに接続 カード番号以外で会員情報を管理

PCI DSS の審査で鍵となるスコープ（対象範囲）の設定に際しては、イシュイング担当はシステムの知見が必要だったこともあり、システム部の協力を得た。ローソン銀行のイシュイング業務は三菱 UFJ ニコスに業務委託している。カード番号は三菱 UFJ ニコスから提供される業務端末のみで管理し、同行のシステムで取り扱わないことを念頭に置いてシステム設計しているため、PCI DSS の

要件の多くを審査項目から減らすことができた。そのため、PCI DSS の対応は、人的な管理や物理的な管理、規定類がメインとなった。

コールセンター業務、大崎でのマーケティング業務では、三菱 UFJ ニコスのサーバとセキュアに接続されているため、セキュアな運用を行っている。コールセンターでは、会員からの問い合わせに対し、カード会員情報を検索する必要がある場合でもカード番号以外の情報で運用している。もう 1 つは、マーケティングでの分析時や Ponta ポイントを付与する際に、同行独自のお客様番号をキーとしてカード番号を使用しない形で運用している。商品開発の際は、個人情報を扱う時だけセキュリティルームに入って作業をしている。

「Ponta ポイントを付与する際は、カード番号は抽出しないようにしています。当行独自に割り振っているお客様番号を持たせていて、それで三菱 UFJ ニコスの業務端末に保有している情報と当行のシステムで管理している情報を紐づけしています」（武田氏）

代替コントロールは適用せず イシュイングと ATM の同時審査で コスト削減

予備審査は 2019 年 8 月に実施し、同 9 月に取得した。対象範囲の特定部分で苦労したというが、それが固まった後は業務支援を受けて、スムーズに準拠できた。社内では、イシュイング業務を行うリテール事業部、コンプライアンス部、システム部、事務部が協力して準拠対応を実施した。なお、代替コントロールは適用しなかった。大崎のセキュリティエリアでは、以前から静脈認証で入退出したり、監視カメラの設置など、金融庁の要件に沿った運用ができていたこともプラスとなった。

イシュイングの審査も ATM 業務を担当している企業に依頼したが、「ATM の審査を 2016 年 7 月に取得しており、毎年同様の時期に更新しておりますが、クレジットカードのイシュイングの最初

の審査が9月末でしたので、2020年は審査の時期を一緒にして7月に同時に取得しました」と、ローソン銀行 コンプライアンス部 コンプライアンス課 マネージャー 樋口千春氏は話す。同時審査により、業務支援のコスト、審査の時間を減らすことにもつながった。また、更新審査では、システムを変更することで、審査範囲を縮小することができたという。

v4を想定した対応を準備
ローソンでの利用を中心に会員増も見込む

2021年は、7月にATMとイシュイング業務の審査を同時に行うことを想定しているが、「2022年度以降に対応が必要なv4.0とのギャップも見ながら業務支援を受ける予定です」と樋口氏は構想を述べる。

武田氏は最後に「当行は、ローソンをキーに会員を増やしていくビジネスになっています。Ponta会員も拡大する中で、ローソンのお店での利用でお得になる特典を充実させ、お客様に使っていただくカードを目指していきたいです。コンビニエンスストアのカードの特徴として、財布に入れられている方が多いので、普段使いするカードに育てていきたいです」と意気込みを見せた。

ミクシィ

サーバレスでのPCI DSS準拠で
運用コストと負荷を軽減
IDと決済基盤を集約した
次世代のシステムを構築

ミクシィのID・ペイメント事業部では、IDや決済を活用するシーンがあると見込み、AmazonのAWS（アマゾンウェブサービス）のサーバレスアーキテクチャを活用した決済システム、アプリケーション基盤を構築している。すでにPCI DSSに準拠したシステムとして、イシュイングではウォレットサービス「6gram」、プロバイダ事業ではスポーツギフティングサービス「Unlim」と競輪ライブエンターテインメント「TIPSTAR」で同システムを活用しており、新規のプロダクトを中心に順次利用を拡大している。

決済とIDを軸とした基盤を構築
イシュイングとプロセッシング事業で準拠

ミクシィでは、2017年にPCI DSSを取得していたが、同事業での準拠実績をベースに、経営課題と照らし合わせ、決済基盤に使えそうなアセットを転用して発足したのがID・ペイメント事業部だ。2017年の準拠時は仕向（決済依頼を送る）のみの機能で準拠を果たしたが、2019年の新規取得の際は仕向、被仕向（決済依頼を送る・受ける）の双方で対応した。PCI DSSのスコープもカードイシュイングとプロセッシングの双方が対象となった。

また、「全社的な課題を背景として、アカウントや決済に関する基盤機能を開発しています。弊社ではあるプロダクトが決済機能を導入する際、各プロダクトがそれぞれ決済代行会社の選定・契約・接続を行っています。そこに専門の人員を割いたり、同じようなAPIのインターフェース開発をするのではなく、スピード感を高め、横のつながりを深めていくため、決済とIDをまとめる基盤的な機能が欲しいという要望がありました」と、ミクシィ 次世代エンターテインメント事業本部 ID・ペイメント事業部 システムグループ 橋本広大氏は説明する。基盤機能を提供するならば、自分たちでも

左からミクシィ 次世代エンターテインメント事業本部 ID・ペイメント事業部 システムグループ マネージャー 田岡文利氏、同部 橋本広大氏

その基盤機能を利用するサービスを開発するべきだと考えた。

2017年の準拠時は、AWSの構成もサーバレスではなかった。ミクシィ 次世代エンターテインメント事業本部 ID・ペイメント事業部 システムグループ マネージャー 田岡文利氏は「AWSに集約するのは17年から同じですが、どのサービスを利用してPCI DSS準拠をするのかについては再設計しました」と話す。新たに構築したシステムでは、運用部隊もサーバサイドのエンジニアなど数名に限られた設計を前提としており、「サーバレスなサービスを活用し、運用負荷を下げる」（田岡氏）ことが主眼となった。ミクシィが2019年に準拠した当時はAWSでPCI DSSに準拠した企業は複数存在したが、サーバレスでの運用はなかったという。「今後、他社が同じ形で行うことが増えていく」と橋本氏は見ている。

パスワードレスでの運用を構築
カード情報は「Amazon DynamoDB」
に集約

田岡氏は「要件自体を減らす努力をしているので、AWSアカウントに権限管理を集約しています。IDS/IPS（不正侵入検知・防御）の管理を減らすために、リモートアクセスの経路を用意せず、リードオンリーファイルシステムのコンテナを利用しています。色々な面でコストを下げることを意識しています」と説明する。例えば、2017年のシステムでは、SSH（Secure Shell）で目的のサーバにログインする際、踏み台を認証するアカウント情報の登録が必要だった。また、IDS/IPSもソフトウェアを入れる環境で運用した際のコストが高い課題があった。さらに、ソフトウェアのアップデート、四半期に一度パスワードを変更する等、運用面の負荷が大きかったため、2019年に再取得する中では極力回避することが命題となった。そこをAWSの認証を行うサービスであるIAM（Identity and Access Management：アイアム）」に集約して負荷を軽減させている。また、カード情報は、完全マネージド型のNoSQLデータベースサービス「Amazon DynamoDB」に集約させた。

「弊社のシステムでは、Dynamo DBを利用しているので、アクセス管理をIAMに集約できています。従来のSQLサーバなどを利用すると、別のアカウント管理が発生してしまいます」（田岡氏）

新システムでの運用を徐々に拡大
フルマネージドで従量課金のメリットを享受

なお、暗号鍵の管理については、暗号化操作に使用されるキーを作成・管理できるマネージドサービス「AWS Key Management Service」を使って運用している。また、ログデータの一元管理も可能だ。

代替コントロールも大きな部分での適用は基本的になく、「アカ

11

ウント管理を個別にする要件で数件」（橋本氏）用いている。代替コントロールでは、従来の基準よりも厳しく束縛することで、セキュアな運用を実現しているそうだ。

2019年2月の初回審査ではイシュイングシステムはテストフェーズ前だったため、実際の運用を想定して準拠を果たした。審査前は、2018年夏からQSA（認定審査機関）やコンサルティング会社と打ち合わせをし、秋からサーバレスの設計を開始している。当時はサーバレスでPCI DSSに準拠したケースが国内でなかったため、「設計・開発のコストはかかっています」と田岡氏は話す。ただ、2017年当時に比べると運用負荷や金銭的コストは軽減した。また、このシステムを利用するサービスが増え、成長しているため、サーバコストの金額は伸びているが、コスト感は満足でき、「フルマネージドで従量課金のメリットが出ています」と橋本氏は成果を述べる。

すでにイシュイングとして、アプリ上でプリペイドカードを発行し、チャージして使うことができるウォレットサービス「6gram」においてサーバレスのシステムを運用している。また、プロバイダとして、スポーツギフティングサービス「Unlim」と競輪ライブエンターテインメント「TIPSTAR」でも同システムを活用している。

更新審査では代替コントロールを削減
ログデータや決済モニタリングの
自動化を進める

2020年2月の更新審査はローンチ後だったが、大まかな構成はほとんど変わっていない。2021年2月には、2回目の更新を果たす予定だ。利用するサービスの追加により、カード情報が流れる経路や接続先が増えたが、システム内部的にはそれほど変更がないという。

今後の展開として橋本氏は「運用負荷の面では、AWSの本番環境でPCI DSSではアドミニストレータ（管理者）の日々の運用があり、ログデータのチェックをフィルターした結果を手動で精査していますが、より自動化を進めていきたいです。今は、決済業界でセキュリティの懸念がありますが、トランザクションモニタリングも自動化していければと考えています」と構想を述べる。現在はクラウドベンダーが機械学習系のサービスを提供しているため、同ソフトを使用することも検討している。

QUADRAC

交通決済サービス「Q-move」
提供に向けて PCI DSS に準拠
トークン化の採用で極小化を図り、
クラウドサービスでインフラコスト削減

QUADRAC は、交通カード事業である「Q-move」の開始に向けて、2019年10月に PCI DSS Versio3.21 への準拠を果たし、2020年も更新している。同社の PCI DSS 準拠に向けた取り組みについて話を聞いた。

国際ブランドカードの交通決済普及の
キープレイヤーに
「VISA Ready Program for
　Transit Partner」選出

QUADRAC 商品開発部長 坂上知見氏（左）、同部マネージャー 伊藤博貴氏（右）

QUADRAC は、ソニーで非接触 IC カード技術「FeliCa（フェリカ）」を開発したメンバーが立ち上げたテクノロジーベンチャーだ。同社では、大量のリーダー端末から得られたデータを高速に処理・解析することが可能な高性能サーバ「Q-CORE」とデータセンターを自社開発している。また、同バックエンド環境をベースに、クレジットカードや QR コードを ID として利用する交通決済サービス「Q-move」を提供しており、北都交通、南海電鉄、京都丹後鉄道等での Visa のタッチ決済において、公共交通機関向けのシンクライアント・バックエンドシステムとして採用されている。2021年はさまざまな交通事業者で導入が行われる予定だ。

QUADRAC 商品開発部長 坂上知見氏は「交通系のブランドカード決済のため、PCI DSS は必須でした」と説明する。2018年3月に Visa の「VISA Ready Program for Transit Partner」に選出されたことも大きい。

Thales からトークン化やHSMを導入
PCI DSS 準拠のクラウドサービスで工数を削減

QUADRAC では、2018年6月から、今後、国際ブランドのクレジットカードで交通決済が普及すると想定し、PCI DSS の準備を開始した。半年間の計画策定を経て、審査機関の協力を得て11月から対応をスタート。PCI DSS では、全項目が認定の対象となった。

審査機関からは、データベースサーバをトークン化して、非保持化扱いする点、ネットワークセグメンテーションのアーキテクチャ設計についてアドバイスをもらった。特に「トークン化により、PCI DSS 準拠のハードルがかなり下がったと思います」と QUADRAC 商品開発部 マネージャー 伊藤博貴氏は話す。カード番号を意味のない数値に置き換えるトークン化の採用で、PCI DSS 要件の大部分をスコープから外すことが可能となった。同社では、Thales（タレス）から、トークナイゼーションや、暗号鍵の管理を行う「HSM（ハードウェア・セキュリティ・モジュール）」を導入し、セキュアな決済処理の仕組みを構築している。

また、2018年6月〜11月に IaaS ベンダーを含めた PCI-DSS 実装に適したインフラの選定を行い、コスト、機能、実装スピードにおいて優位性のあった、リンクのクラウドサービス「PCI DSS Ready Cloud」の導入を決定した。「PCI DSS Ready Cloud」では、クラウド上のデータやアプリケーションを保護する PCI DSS に必要となる運用機能が全て含まれている。「PCI DSS Ready Cloud」では物理ファシリティのセキュリティ要件も満たされていたこともプラスとなった。PCI DSS Ready Cloud をベースに運用ポリシーの整備を進め、2019年6月の予備審査を経て、同年10月に PCI DSS の準拠を果たした。伊藤氏は「最終的には代替コントロールはありませんでした」と成果を述べる。

更新審査時は三井住友カードの
「stera」と接続テスト
「PCI P2PE ソリューション」認定取得へ

すでに 2020 年 10 月に更新審査を行い、準拠を継続している。2020 年の更新審査の際は、京都丹後鉄道での運用開始に向け、三井住友カードの決済ネットワークである「stera（ステラ）」とつないで、接続テストを行った。

今後は、加盟店の決済端末で読み取ったカード情報を暗号化し、PCI DSS に準拠した決済センターの復号化ポイントまで保護する仕組みである「PCI P2PE ソリューション」の認定取得を進める方針だ。坂上氏は「『PCI P2PE ソリューション』を取得して、加盟店がサービスを導入しやすくすることが優先課題です。観光 MaaS になると、近隣の観光施設まで決済させるケースもでてきます。端末を閉域の携帯網でつなぐ外回り非保持の方式に加えて、鉄道事業者においては加盟店のネットワークを通ることを想定して、内回り非保持の方式を提供する必要があります」と語ってくれた。

Paidy

あと払いサービス「ペイディ」が包括信用購入あっせんに向けて PCI DSS 準拠 セキュリティのエキスパートを有し、常に最新の対応を意識

あと払いサービス「ペイディ」を展開する Paidy は、2020 年 8 月から PCI DSS 準拠に取り組み、同 10 月に PCI DSS に完全準拠した。CISO の Felix Beatty 氏に同社の取り組みについて説明してもらった。

3 回払い開始など国内でサービス拡大
社内でセキュリティプラットフォーム構築

ペイディは、事前登録不要で、メールアドレスと携帯電話番号、認証コードで決済（与信）完了するあと払いサービスだ。また、2020 年 10 月 27 日からは分割手数料無料の「3 回あと払い」サービスも開始するなど、サービスを拡大している。

Paidy では、2 年前に Felix 氏が CISO に就任し、全社でサイバーセキュリティ戦略をまとめた。人々の生活や人生において不可欠

Paidy CISO の Felix Beatty 氏

なプラットフォームを目指す中、サイバーセキュリティに関する認識を社員全員に伝えることを実践してきた。

Paidy が PCI DSS に準拠した理由として、1 つめは、「お客様の重要なアセットと、Paidy の重要なアセットを守るために、セキュリティ対策していることを国際的に認知してもらいたいと考えました」と Felix 氏は話す。2 つめは、理想的な商品、サービスを提供するためには、スタンダードに準拠することが重要であるとした。「FinTech（フィンテック）技術をしっかりとペイディ向けに最適化し、スタンダードを元に革新的なサービスを開発し、提供していきたいです。その 1 つが 3 回あと払いです」（Felix 氏）。利便性が高く、セキュアなサービスを利用する人々の夢を実現するための手段を提供していきたいとした。同サービスの提供に向け、経済産業省管轄の包括信用購入あっせんの仕組みがあり、ガイドライン準拠に向けて複数の選択肢があったが、全面的に PCI DSS を取得する意思決定となった。

Felix 氏は「弊社では、マイクロサービスやシステム、プロセスが集積したものを維持しており、社内で『セキュア・プラットフォーム』と呼ばれています。このプラットフォームはセキュリティ機能を備え、セキュリティサービスやセキュリティ管理によって安全に最適化されています。また、金融サービス機関に関する厳格なセキュリティ原則・指針にも沿ったプラットフォームとなっています。このように基礎から築き上げた統合されたセキュリティコントロールが、私どものプラットフォームを、そしてもちろん私どものサービスの全ユーザーを守っているわけですが、何百万ものユーザーを有する強固なプラットフォームを作るための最高に厳しい条件に、すべて適合しています」と説明する。

準拠に向けたプロセスが重要に
セキュリティエキスパートの採用を強化

PCI DSS 準拠に苦労する会社も多いが、Paidy はセキュリティのエキスパートを有しており、取得すること自体はそんなに大変なことではなかったという。Felix 氏は「準拠するためのプロセスが重要であり、そこに細心の注意を払っています」と強調する。

サイバーセキュリティの本当のエキスパートは世界的に不足していると言われる。日本では 20 万人のエキスパートが必要だといわれているが、数が圧倒的に足りない状況だ。そんな中、Paidy では事業を飛躍させるため、エキスパートの採用を強化している。PCI DSS の準拠に向けても用意周到に臨んだが、包括契約と他の関連するライセンスを取得するために、準備を整えた。

「PCI DSS が 1 年に一回の監査ではなく、日々の一挙手一投足の中で準拠していることが試されます。企業のセキュリティコントロール文化の中に PCI DSS コンプライアンスが組み込まれていなければいけません。その中でもスコーピングは多くの事業者で非常に難しいところです。私たちの場合はカード所有者のデータを持っていて、サービスごとにラベリングができていましたので、PCI DSS の要件に応えることは難しくありませんでした。また、ネットワークセグメンテーション、データフロー、暗号化についての要件も含みます」（Felix 氏）

NIST の指針でパスワードの変更を実行
強固なセキュリティで
サービス利用者の夢を応援

具体的な対応に向けては、社内に専門的知識を持つメンバーが多くいたものの、過程を検証するコンサルティング会社と連携して対応を進めた。PCI DSS は複数年に一度更新されるが、Paidy では常に最新のセキュリティ動向に気を配っている。例えば PCI

DSS では、30 日に一度のパスワード変更を求めているが、NIST（National Institute of Standards and Technology）では、パスワードの長さが大切であり、定期変更は求めていないとした。Paidy では、PCI DSS v4 以降で盛り込まれる予定の NIST の指針ですでにパスワードの変更を実行している。

「フィンテック業界における技術革新は凄まじい勢いで拡大しつつあり、PCI DSS 要件にしたがうことで、このフィンテックの急激な成長曲線に沿って上昇できる基盤が手に入るだろうというのが多くの方々の同じような感想ではないでしょうか。ここには業界内で最近登場し、PCI DSS が願わくばバージョン 4.X や（将来登場する）5.X で採用する必要があり、それにより補償コントロールの可能性や利用を削減する最新のセキュリティベストプラクティスとの調整も含まれます。これは当然ながら『当初定められた要件の意図と厳正な施行を満たし、当初定められた要件通り、そして定められた要件などを超えてはるかに上の防御レベルを実現する』ことになります」（Felix 氏）

また、実際の審査では、QSA（認定審査機関）の質問に対し、タイムリーに正しいエビデンスを提出することがチャレンジとなったそうだ。

Paidy には、「ビーマジック」というスローガンがあり、同業界においてリーダーとして 2 位、3 位を引き離すポジションになることを目指している。そのリーダーのポジションをまい進するためには、さらに革新的なサービスを提供する必要がある。ユーザーが夢を見て実現することができるマジックを起こすためには、セキュリティがしっかり担保されていることが重要だ。Felix 氏は「サービスを利用される人々の未来の姿を守るために、サイバーセキュリティのプレイヤーともしっかりと連携しながら、最先端のテクノロジを活用し、次世代のサイバーセキュリティを登用していきたいです」と意気込みを見せた。

テレコムクレジット

PCI DSS 準拠の決済システムとしてサーバレスアーキテクチャ導入 AWS責任共有モデルでPCI DSSを含む高度なセキュリティ対策を実施

決済代行サービスを提供するテレコムクレジットは、急激なアクセス数増加に対応でき、PCI DSS にも準拠した決済システムとして、サーバレスアーキテクチャを導入した。決済代行としていち早くサーバレスを導入した同社の取り組みについて、話を聞いた。

AWS への移行で安定・安全な稼働を目指す 急激なアクセス増でも常時安定的な運用が可能に

テレコムクレジットでは、クレジットカード、銀行振込、電子マネーなどに対応した決済サービスを EC 加盟店を中心に提供している。同社では 2018 年にデータセンターの保守更新のタイミングに合わせ、クラウドサービス「アマゾン・ウェブ・サービス（以下、AWS）」への移行を決意した。クラウドサービスを導入することで、決済システムの安定性や安全な稼働を目指したが、想定以上のボリュームの処理が発生した場合、処理速度の低下、リクエストの滞留によるレスポンス遅延により、最悪の場合、システム障害に

つながる可能性があったという。サーバレスとは、一定の処理能力、サーバ容量といったマシン性能に依存することなく、稼働に必要なリソースを動的に起動し、マネージドサービスを利用することでサーバのスケールアウトやスケールアップを意識せず、サーバ構築なしでシステムを作り上げる方法だ。これにより、急激なアクセス増を気にせず、常時安定的な運用が可能となった。

従来はサーバを共有して複数の決済処理を実行していたそうだが、サーバレス方式ではリクエストごとに AWS が自動でサーバリソースを割り当ててくれる特徴がある。これにより多くの件数の決済が同時に行われたとしても、各決済の処理負荷が干渉することなく安定して同時実行が可能だ。

段階的にクラウド化を推進 アプリケーション層に絞った対処が可能に

テレコムクレジットでは、2018 年に決済サービス環境をオンプレミス環境からクラウド環境へシフトし、2020 年に EC2 をサーバレスアーキテクチャに置き換えるなど、段階的にクラウドネイティブな環境へ切り替えを図っている。サーバレス化に当たり、セキュリティ面では、AWS 責任共有モデルを生かし、PCI DSS を含む高度なセキュリティ対策を行うのが達成目標の 1 つとなった。責任共有モデルは、物理層からアプリケーション層まで、Amazon とテレコムクレジットのどちらが責任を持つか分担されている。

テレコムクレジット システム部 開発チーム 係長 渡部賢治氏は「サーバレスアーキテクチャ内の OS やミドルウェア、ストレージは AWS の責任でセキュリティも含めて管理してもらうことで、我々はアプリケーション層に絞って、集中的な対処をしていくモデルを採用しようと考えました」と説明する。

テレコムクレジットのサーバレスアーキテクチャの中核をなす Lambda では、AWS が基盤となるインフラ、基盤サービス、オペレーティングシステム、アプリケーションプラットフォームを管理している。また、AWS のセキュリティレベルは非常に高く、PCI DSS 以外にも金融情報システムセンターが定めた FISC 安全対策基準、ISMS（情報セキュリティマネジメントシステム）、海外の FBI や CIA などのセキュリティ認証も取得している。セキュリティに関しても AWS が責任範囲となることで、オンプレミスや EC2 に比べて、「セキュリティ対策の範囲を狭めることが可能になりました」と渡部氏は成果を語る。

サーバレスでPCI DSSの監査対象削減 2021 年 3 月末に主要な決済はサーバレス化が完了

PCI DSS 準拠は 2019 年まで EC2 で、2020 年はサーバレスで受審した。テレコムクレジット 国際業務部 カスタマーサポート部 システム部 部長 武内 準氏は「サーバレス構成にしたことで、監査対象は減りました」と成果を述べる。EC2 での運用では、定期的なパッチの適用、ウィルス対策、インベストリリストの管理、OS やミドルウェアに対するペネトレーションテスト、サーバごとのセグメンテーションやアクセス設定など、運用業務にかかわる時間が一定量あったそうだが、その部分を AWS に任せることができた。これにより、要件 6、10、11 といった特定の部分に集中できる。例えば、要件 10 のログ追跡・監視は Sumologic というサードパーティのツールを導入し、分析や検知に役立てている。

PCI DSS の準拠よりも、プログラムの再設計や AWS サービスの習得が大変だったという。渡部氏は「今までのアプリケーションを AWS のマネージドサービス毎に処理役割を分担し、そのサービ

ス間で連携するように再設計したり、処理を早めるために SQS による非同期処理を採用し並行分散処理を行うなど、AWS のマネージドサービスに自社の決済処理を適用させることが肝になりました」と話す。新たに使用を開始した AWS のフルマネージドサービスは多く、システム構成も大きく変わった。

代替コントロールはサーバレス化した部分ではなかったそうだ。現状、社内のサーバも監査対象となっているため、オンプレミスの環境の一部には代替コントロールを適用している。

「サーバレスに関しては、2020 年初頭より、都度決済から徐々にサーバレス化に移行しています。2021 年 3 月末には主な決済はほぼ完了します」(武内氏)

運用コストの低減につながる
顧客管理や売上管理の
サーバレス化も視野に

サーバレスへの投資コストはかかったが、運用コストの低減につながった。武内氏は「アプリケーション開発の速度は速くなりました。サーバのメンテナンスに行っていた時間を新機能の開発や検証に当てることができています」と成果を述べる。テレコムクレジット システム部 クラウドエンジニアリングチーム 主任 久山貢一氏は「サーバで運用しているときは 24 時間 365 日稼働するためリクエストのない時間でも課金され続けていました。サーバレスになるとリクエスト数に応じた従量課金になりますので、費用対効果がよくなるのが特徴です」と説明する。

渡部氏によると「これは完成ではなく、マネージドサービス毎

の設定をチューニングしてさらにコストダウンすることもできます。長い目で見れば回収ができると考えています。また AWS の新機能を取り込んでクラウドの進化に常に適用していく必要があると考えています」と語る。

今後の取り組みとして、「CI/CD (継続的インテグレーション / 継続的デリバリー)」の確立として、アプリケーションの開発、テスト、ビルド、デプロイの自動連係を図ることを挙げた。また、アプリケーションのセキュリティ対策強化は随時進め、今後の業務課題に応じたフルマネージドサービスの追加をすることでさらなるシステム強化を図っていきたいとした。武内氏は「決済処理をサーバレス化しましたので、顧客管理、売上管理システムもサーバレス化していきたいですね」と構想を述べた。

テレコムクレジット システム部 開発チーム 係長 渡部賢治氏、同部 クラウドエンジニアリングチーム 主任 久山貢一氏、国際業務部 カスタマーサポート部 システム部 部長 武内 準氏

書籍「PCI DSS・カードセキュリティ・実行計画対策ガイド」
〜ペイメントカードの不正対策を徹底網羅〜

国内ではキャッシュレス決済の普及に向けた取り組みが活発となっています。現在は、支払いのインターフェースとして、カードに加え、QR/ バーコード決済の普及などに伴い、モバイルの活用が注目を集めています。カード決済の利便性が高まると同時に、セキュリティ対策が重要となります。

クレジットカード決済では、クレジット取引セキュリティ対策協議会が「クレジットカード取引におけるセキュリティ対策の強化に向けた実行計画」を公表しており、2019 年 3 月には「実行計画 2019」も発表されました。現在、PCI DSS（もしくは非保持化）や接触 IC クレジットカード対応は日本の法律要件になっており、加盟店はその対応に追われています。2018 年 6 月に改正割賦販売法が施行されましたが、その実務上の指針となる「実行計画」では、対面加盟店は 2020 年 3 月までに接触 IC クレジットカード対応、および PCI DSS 準拠もしくは非保持化対応を目指すという期限が設けられています。東京五輪・パラリンピックを前に加盟店は、対応のピークを迎えています。

今後、IC カードでは、非接触 IC カード（TypeA/B）の普及が予想されますが、実行計画 2019 では、一定金額を超える取引については、原則、接触 IC 取引のオフライン PIN 入力とすることが求められます。また、各業界を見ると、国内特有の特殊なオペレーションが求められる石油業界、PCI PTS 準拠が難しく、対応指針が内部で公表されたオートローディング式を含む自動販売機など、具体的な指針もとりまとめられ、急ピッチで対応が進められています。

通信販売など、非対面の不正使用対策では、本人認証サービス「3-D セキュア」の取組強化の一環として、利用者のパスワードの登録率向上のほか、カード会社がリスクの高い取引を判定する「リスクベース認証」導入が広がっています。さらに、セキュリティコードの多数回連続エラーの際には取引不成立とすること、属性・行動分析の定義・有効性等が実行計画 2019 で明記されました。

市場の黎明期ともいえる QR/ バーコード決済では、セキュリティ面での課題も顕在化しており、各事業者ともセキュリティの強化に力を入れています。

本書では、ペイメントセキュリティに関する市場動向、事例、海外の動向など、ペイメントカードの不正対策を徹底網羅しています。本書の発行が、国内にける安心・安全な決済取引の一助となれば幸いです。

第 1 章 カードセキュリティ強化の取り組み	第 4 章 QR / バーコード決済の不正対策
第 2 章 国際ブランドの取り組み	第 5 章 海外動向
第 3 章 PCI 基準の動向	第 6 章 不正使用対策の取り組み

■書籍概要
● 発行：TI プランニング
● 発行日：2019 年 8 月 20 日発行
● 編集：ペイメントナビ編集部
● ページ数　64 ページ
● 販売：税込 2,200 円（2,000 円＋税）

TIS

金融システムのAWS活用 厳しいセキュリティ要件に 対応するための注意と対策

金融業界では、クラウド活用に当たって、PCI DSS や FISC など厳しいセキュリティ対策が求められる。銀行やクレジットカード会社の基幹システムや、金融向けサービスのセキュリティ準拠支援を数多く手掛けてきた TIS が、現場で起こった具体例を交えながら、セキュリティ要件に対応するためのポイントについて紹介する。

TIS 株式会社 プラットフォームビジネスユニット クラウド＆セキュリティコンサルティング部
主査　森池 聖哉氏

皆さま、TIS の森池と申します。今回は金融システムの AWS 活用についてご紹介します。近年、金融システムにおいてもクラウドの活用が盛んになっていますが、その中で厳しいセキュリティ要件に対応するために、どのような注意と対策が必要かについて紹介させていただきます。

まず簡単に自己紹介をさせていただきます。私は普段、クレジットカード会社、決済代行会社に向けた PCI DSS の準拠支援のコンサルティングを行っています。また 2020 年からは、QSA（PCI DSS 審査機関）の登録を受けて、その審査員としても活動を行っています。今までの経歴としましては、主に小売業向けの決済システムの構築などのプロジェクトマネジメントに携わってきました。現在はセキュリティソリューションの導入や、先ほど申し上げました PCI DSS の準拠支援を行っています。

続いて簡単に会社概要を紹介します。TIS の創業は 1971 年で、古くから銀行やクレジットカード会社の基幹システムや、決済サービスの提供をしています。近年はセキュリティに関するコンサルティングや各種ソリューションの提供も行っております。

弊社のビジネスとしては、連結売上高の約 2 割、750 億円近くが決済に関する事業となっています。決済がメインの事業であり、グループの最大の強みです。特に決済カードに関するシステムについては、ブランドデビットで約 80％、クレジットカードで約 50％と高いシェアを誇っています。1970 年代から大手カード会社のクレジット基幹構築を行っており、2010 年代以降についてはブランドプリペイドをはじめとするキャッシュレス事業を始めており、ペイシェルジュというブランドで決済にかかわるサービスを多数提供しています。

ペイシェルジュは、主にクレジットカード、ブランドプリペイド、ブランドデビットのプロセシングのサービス、また、モバイルウォレット、デジタルウォレットのサービスや、QR 決済のゲートウェイサービス、審査・融資にかかわるファイナンスプラットフォームなどを提供しています。現在ではリアルとデジタルの高度な融合ということで、決済だけにとどまらない新しい領域への挑戦も行っています。その中で、PCI DSS、FISC 安全対策基準への準拠に会社として取り組むということで、受審側の活動も行っております。

お客様のお金を取り扱う上で、当然ながら金融・FinTech サービスには信頼が求められます。一方では会社の信頼、そして経営者への信頼、サービスへの信頼ということで、こういった信頼を得るために PCI DSS への準拠が重要な意味を持っていると考えています。

TIS 株式会社 プラットフォームビジネスユニット
クラウド＆セキュリティコンサルティング部
主査 森池聖哉氏

AWS とアウトソーシングの有効活用によりスムーズな PCI DSS 準拠が可能に

一方で金融の基幹システム、ブランドデビットやクレジットカードのシステムに対して、現在弊社では AWS の活用を進めています。お客様のシステムの構築という部分でももちろんですが、弊社内で使用しているサービスのプラットフォームとして AWS を活用することにも重点を置いています。

現在、AWS に対して、5 つの取り組みを行っています。1 つには、AWS 公式最上位の APN プレミアコンサルティングパートナーとして、350 名以上の AWS 認定資格保有者を擁し、500 件以上の導入実績があります。

また、FISC、PCI DSS などのセキュリティガバナンス、認証基準の知識と、クラウドの構築の知識を併せ持って、政府が推進するセキュリティ・バイ・デザインに準拠した高度な運用の提供も行っております。今回は特にこの部分にフォーカスしてご説明させていただきます。

弊社における PCI DSS 対応は、サービス開始当初のバージョン 1.0 から継続して行っております。現在は最新バージョンの 3.2.1 に準拠しています。当然ながらオンサイトの審査を受けており、その中でノウハウを蓄積しておりまして、現在は審査機関としても活動しております。

金融系サービスは立ち上げの際に、PCI DSS や FISC に対応することが必須になっています。国や業界団体の指針があり、これに対応しなくてはならないという義務があります。金融サービスのローンチまでのスケジュールは大変タイトですので、例えば 3 カ月以内に対応が必要といった厳しいスケジュールの中で、運用ま

で回らず、準拠することが目的になってしまうケースも少なくありません。特に、対応に必要な人員の確保が、重要な課題になってきます。

詳細に入る前に、ITアウトソーシングの傾向についても触れておきたいと思います。人員面が大きな課題だと申し上げましたが、これは弊社にとっても同様です。

金融機関のメインのビジネスは金融サービスですので、PCI DSSへの準拠対応のための人員を確保するのがどうしても難しいという状況があります。こういったノンコア事業へのアウトソースの活用に関し、需要が高まっています。クラウドの活用が、このノンコア事業のアウトソース活用に寄与します。

自社運用がかかえる課題として多く挙げられているのが、人材の確保自体が難しい、人材の教育が難しい、専任のセキュリティ要員を確保するのが難しいといったことがあります。

そういった中でやはり、自社運用のみで行っているのは10%程度と言われています。各社ではサイバーセキュリティサービスなど何らかのサービスを活用し、運用しているのが現状です。

PCI DSSに準拠する企業でクラウドをどのように活用しているのかを見ていきましょう。現状ではIaaSを選択している企業が最も多くなっています。しかしIaaSよりPaaS、さらにPaaSよりSaaSのほうが準拠範囲は広くなっています。システムごとに、クラウドにどのようなアプリケーションを載せるかを検討し、どのようなクラウドを活用するかを決定する必要があります。

これをAWSに置き換えた場合のイメージですが、責任範囲はSaaSが最も大きく、PaaS、IaaSの順に小さくなっています。逆に言いますと、お客様で準拠しなければならない範囲はIaaSが最も大きく、PaaS、SaaSの順に小さくなります。

PCI DSS要件ごとに、IaaS、OSミドルウェア、アプリケーションのどのエリアで対応が必要かを見ていきますと、すべての要件においてほとんどすべてのエリアでの対応が必要になっています。これを考えても、クラウドの対応レイヤが広いほど、PCI DSS準拠の負荷を軽減できることがわかります。ただし、移行負荷、アプリケーション開発の自由度とはトレードオフの関係になりますので、そのようなことも考慮して、サービスを選択することが重要です。

クラウド活用の効果についてご説明します。まず第一に、高いセキュリティ対策を維持できることです。特にAWSをはじめとするクラウド事業者では、すでにPCI DSS準拠が済んでいるエリアが広く、ISO27001にも準拠していて、高いセキュリティ要件に対応したクラウドプラットフォームをすでに提供しています。これを活用することによって、セキュリティへの投資を、自社の資源に集中させることができるのが大きなメリットです。

ただし先ほど申し上げましたように、金融サービスでは、IaaSという点で、EC2（Amazon Elastic Compute Cloud）をはじめとしたインスタンスを立てて、そこに対してサービスやアプリケーションを開発している事例が非常に多いと考えています。

サービス企画・設計段階から
情報セキュリティを確保しておく

インターネットを介してユーザーがアクセスしてくるようなサービスを構築するとき、PCI DSSに準拠しなければならないという中で、例えばパスワードの暗号化保存、利用者認証のエッジの実装、WAFの設置、有事の際にどのように運用するのか、それをクラウドの場合どのようにするのかの体制づくり、あるいはSOC（Security Operation Center）による24時間365日の監視体制などを考えると、クラウド導入を検討する時点から先んじてセキュリティ対策を検討しておかないと、運用が破綻する恐れがあります。

個々の運用だけを考えていては、当然のようにリソースの限界を迎えることになります。セキュリティ製品は、一度導入してそれで終わりということではありません。運用は続きますし、一度導入したものを減らすことは困難ですから、セキュリティ対策コストが膨れ上がる可能性があります。

インシデント対応や、セキュアコーディング、守るべき情報資産がどのぐらいあるかということを、クラウドの選定時からしっかりと意識することがポイントです。その上でセキュリティ・バイ・デザインを考慮した構成、体制づくりが必要になります。セキュリティ・バイ・デザインについて簡単にご説明いたします。NICSの定義によりますと、セキュリティ・バイ・デザインとは、情報セキュリティを企画・設計段階から確保するための方策です。言い換えますと、企画・設計段階から情報セキュリティ対策を考慮することで、手戻りの減少・低コスト・保守性の向上を実現するという考え方です。これはオンプレミスだけではなく、クラウドサービスにおいても同様です。企画・要件定義の段階から対策範囲を明確化し、設計の段階で脅威分析を行い、実装の際にはソースコード診断を実施し、脆弱性診断を行って、その結果を保守・運用に反映させるというライフサイクルが必要です。

TISが掲げるセキュリティ・バイ・デザインについてご説明いたします。サービスの活用（利便性）とセキュリティ確保の適切なバランスをとるために、1つ目は、情報資産の区分・価値を明確にすることが重要だと考えています。アセスメントやガイドラインを策定し、社内で徹底しております。2つ目は、情報資産をレベル分けし、サービス／機能選定することで、妥当性検証、セキュリティ機能選定を行ってまいりました。最後に3つ目として、被害を極小化するための仕組みの検討を行い、インシデントの早期発見、インシデントレスポンスの体制の整備につなげています。これらによってサービスとセキュリティの両立を実現しています。

侵害のリスクを想定した
セキュリティ対策の重要性

では、どのような流れでPCI DSS準拠を実現していくのかについてご紹介いたします。情報資産の有無や、実装している機能のリスクに応じて、セキュリティ対策や運用方法は異なってきます。PCI DSSのスコープ（対象）の考え方にも通じますが、PANがあるか、個人情報があるか、インターネット接続があるかといった観点からリスク分析を行った上で、保有しているデータや使用している技術に応じたセキュリティ対策を講じます。

まず、システムで扱っている情報がどれだけ危険かを把握することが重要です。情報資産整理（アセスメント）を行って、対象となる資産に対し、可用性・完全性・機密性の観点からリスク／資産価値を評価します。そして、評価した情報資産に対し、順守すべき事項／対応方法などについてガイドラインを策定します。すべての関係者に周知徹底するため、また、後続で追加開発をした際などに抜け落ちを防ぐために、文書化するということがとても重要です。

先ほど申し上げたTISのセキュリティ・バイ・デザインの1つ目、情報資産の区分・価値の明確化については、システム脅威が発生した場合に、業務継続性やそのインパクトの大きさや範囲、扱っている情報資産などを考慮して評価を行うことが必要です。考慮すべきは、機密性だけではありません。

可用性という点では、侵害された際、情報を閲覧できなくなった場合の業務影響を含めたリスクのスコアリングを行います。完全性という点では、改ざんに関する事業リスク、金額や登場人物に対する責任といった観点からスコアリングを行います。機密性という点では、開示しても問題ないものなのか、法律上秘匿する必要のあるものなのかといった、対象データの取り扱いレベルの

観点からスコアリングを行います。

　そして、あらかじめ想定しておいたリスクを、定性的に判断できるように整理します。例えば可用性で言えば、1日程度の復旧時間が許容できる "リスク低" のものから、利用停止が原則許されない "リスク高" のものまで、何段階かに区分けします。

　先ほど申し上げた構成を設計段階で評価した場合、例えばこのようになります。お客様がインターネットを使ってアクセスしてくる、しかも個人情報があるというケースです。可用性としては、特定ユーザーが日中帯に利用。数時間程度の停止は許容されるのでリスク低。完全性では、ポータルサイトが改ざんされた場合、利用者への影響が大きいのでリスク高。機密性では、利用者の個人情報を保有しており流出時の影響が大きいのでリスク高といった具合です。これをもとに、クラウドに載せていいのかオンプレミスがいいのか、クラウドであればどのような構成にするべきかを検討します。

　このようにあらかじめ、可用性、完全性、機密性の観点で評価することで、ベースラインとの差異が情報資産単位で明確化できますので、情報資産価値に合った対応方針を適切に決定することができます。過剰投資を防ぐ効果なども期待できます。

　次に2つ目の情報資産レベルに合わせたサービス／機能選定についてです。ここでは先ほどアセスメントしたリスクを詳しく把握し、レベルに合った対策を適用する検討に入ります。セキュリティ機能の選定ということで、リスク評価のスコアリングと内容に応じて、AWSサービスやサードパーティのセキュリティソリューションの導入を決定します。そして、導入したセキュリティ機能に対して、脆弱性診断などで実際のセキュリティ強度を把握します。

　先ほどと異なるケースとして、基本的に停止不可で可用性はリスク高、改ざんされた場合に不特定多数に影響が及ぶので完全性はリスク高、公開情報を扱っているため機密性はリスク低という事例がありました。

　実リスクベースで発生する脅威を洗い出していくと、公開サイトへのレベル7レイヤのDDos攻撃によってサービスが停止するリスク、不正なコード実行によるインジェクション攻撃などのリスクが考えられました。また、このシステムではコンテナを使用しており、不正なリモートアクセスやコンテナイメージそのものが改ざんされるリスクがありました。コンテナ間のセキュリティレベルの違いというところにもリスクがあり、漸弱なコンテナへの侵入からの二次侵入のリスクも考えられます。

　これに対してどのようなセキュリティソリューション、もしくはサービスを提供するのかを検討した結果、クラウドフロントによるDDos攻撃対策と、AWS WAFの導入による不正コード実行防御対策を実施することにいたしました。コンテナ部分については、イメージファイルへの脆弱性チェックと、イミュータブル（不変）の徹底による改ざん防止策をとりました。コンテナ間の感染防止策としては、コンテナファイアウォールによるコンテナ間の通信制限を行うソリューションを採用いたしました。

　コンテナセキュリティ標準 NIST SP800-190 にも示されているように、コンテナについては、EC2、ファーゲートなど AWS 上で提供されているサービスでも考慮しなければならないポイントがあります。1つは、同一の目的、資産価値を持つコンテナを1つのグループにまとめること。また、コンテナ固有の脆弱性管理ツールとイメージファイルチェックツールを活用すること。そして、コンテナに対応したランタイム防御ツールを使用すること。この3点は AWS でも考慮しなければならないと考えております。

　弊社が実施・推奨している対策の1つに、コンテナに特化したセキュリティソリューションの aqua（アクア）があります。Aqua は、コンテナ固有の脆弱性管理ツールおよびイメージファイルチェックツールとしては、イメージスキャンによるイメージ内に含まれる既知の脆弱性（CVE）やマルウェアを検知し、イメージからのコンテナ実行の許可／不許可などをポリシーで定義します。また、ランタイム防御ツールとしては、実行中のコンテナを監視し、ポリシーにしたがってコンテナの動作を制御／制限します。

　情報資産流出のリスクと、取り扱う機能のリスクを把握して、両方を考慮した機能選定をすることによって、製品／機能選定が最適化され、結果、過不足のないセキュリティ対策を実現し、セキュリティ対策への過剰投資を防ぐことができます。

　3つ目の被害を極小化するための仕組みの検討について説明します。最近、インシデントレスポンスが注目されるようになりました。この背景には、完全なセキュリティ対策はもはや過去のものになったという認識があります。被害に遭ったときにどうするかということで、インシデントレスポンスが大きなポイントになっているのです。インシデントレスポンスは企業を守るために極めて重要ですが、非常に体力の要る作業でもあります。システムへの侵入・侵害が発生した場合、早期に対処するためにインシデントをどのように発見するか。その仕組みづくりが必要です。そして、侵入が発覚した後は、侵入痕跡（IoC）等に基づいて被害状況を確認し、

エンタープライズクラウド＆セキュリティ運用

再発防止策を検討する必要があります。

しかしここでも人材不足は深刻で、多くの企業でセキュリティの仕組みを作り、体制を整備する人員がいないことが大きな課題になっています。情報セキュリティ人材は約19.3万人不足していると推計されています。

社内の実践で培ったノウハウを
サービスとして外部にも提供

自社の情報資産の取扱に関しては、事前対応、リアルタイム検知、事後対応の体制維持・運用が求められ、それぞれに専門性の高い人材が必要とされます。セキュリティインシデント発生時に迅速に対応可能な体制を築くためには、企業としてのセキュリティ対策方針の決定、組織全体での体制確保、SIEMの導入、分析対象ログの決定、日々の脆弱性情報の収集・管理が必要です。

このような運用を実施した後に、実際にはSOCとCSIRTが連携し、ライフサイクルをしっかり回していくのが理想です。しかし人材不足の中で、これを十分行っている企業はまれであるというのが実情です。自社で運用するのが難しいのであれば、CSIRT機能を含めてアウトソースを活用するという方法もあります。

弊社では、コンサルティング、インテグレーション、運用、監査をサービスプラットフォーム化し、業界別テンプレートと脅威インテリジェンスセンター（TIC）を社内で構築して、お客様にも提供しております。

特に金融業界にはさまざまなガイドライン、基準、標準が存在しています。これらを取り込んで金融業界に最適化したテンプレートを作成し、それに基づいて分析を行い、インシデント対応のためのレスポンス体制を整えるということを、サービスとして提供しています。

また、エンタープライズ・セキュリティ運用サービスというものも提供しております。AWSやオンプレミスのシステムからログを収集・蓄積し、ルールによる自動分析で侵害と考えられる振る舞いを発見してお客様に通知するというサービスを行っています。侵害があった場合にはセキュリティ専門のアナリストがログを分析し、業務上の侵害可能性を判定します。

エンタープライズクラウド＆セキュリティ運用とPCI DSS準拠支援サービスの関係性を整理しておきます。上流の部分からセキュリティをしっかり勘案した上でクラウドサービスを選定する必要があるというところで、最上流のクラウドの選定、導入が決定した後の設計、運用と、TISがこれまで金融サービスを提供する上で培ってきたノウハウをサービスとして提供し、お客様の運用をサポートしています。

PCI DSS準拠を楽にするには、まず、計画を最適化すること。スコープ（対象範囲）の極小化と、システム更改に合わせた準拠の方法を考えることが大切です。そして、PCI DSS準拠に向けたアウトソーシングの活用を図ることも有効です。準拠運用範囲のリスク分析をし、適切にクラウドを利活用すること。併せてアウトソーシングを活用することがポイントになると考えています。業務変更の有無やコストを考慮した適切な選択をしていただきたいと思います。ご清聴ありがとうございました。

※本記事は2020年11月13日に開催された「ペイメントカード・セキュリティフォーラム2020」のTIS株式会社 プラットフォームビジネスユニット クラウド＆セキュリティコンサルティング部 主査 森池聖哉氏の講演をベースに加筆/修正を加え、紹介しています。

企業概要

TIS株式会社
プラットフォームビジネスユニット
クラウド＆セキュリティコンサルティング部

TEL：03-5337-4379
E-mail：ps-info@ml.tis.co.jp
URL：https://www.tis.jp/branding/platform/

Topics　TISがセカンドサイトと提携、アプラスに不正検知機能を提供

TISは、金融領域におけるAI/データ分析に強みを持つセカンドサイトと資本・業務提携したと発表した。また、TISが構築し保守・運用しているクレジットカードシステムを利用するアプラスでは、同協業を通じて新たに提供を行う「AIを活用したリスクベースの不正検知機能」を導入すると2020年11月19日に発表している。

セカンドサイトは、「AI」の核となるディープラーニングを含む機械学習技術を有し、さまざまな業種・分野に対して、アナリティクス・コンサルティングサービスとAI実行基盤やAIサービスを提供するベンチャー企業となる。特に金融・決済系のAI/データ利活用ビジネスにおいては、不正検知モデルや与信モデル、ターゲティングモデルの開発など、多くの実績と知見があるという。

TISでは、自社の決済ソリューションや金融向けシステム構築ノウハウと、セカンドサイトのAI/データ分析の技術を組み合わせることで、TISが展開するリテール決済ソリューション「PAYCIERGE(ペイシェルジュ)」の競争力強化と、金融業界での新規ビジネス創出が可能であると考え、セカンドサイトとの資本・業務提携を決定した。

TISとセカンドサイトは、両社が得意とする金融機関向け決済・融資・与信管理プラットフォーム事業やデータアナリティクスを連携し、①法人／個人向け金融サービスの入会申し込み・与信審査エンジンの提供、②各種カード決済データの分析サービスの提供、③各種カード決済のオンライン不正検知サービスの提供、で提携する。

なお、同協業による新たなサービスを導入するアプラスでは、これまでの「ルールベースの不正検知」に「AIを活用したリスクベースの不正検知」を付与し、不正検知機能を強化することで、大幅な損失削減効果の実現が見込まれるとしている。

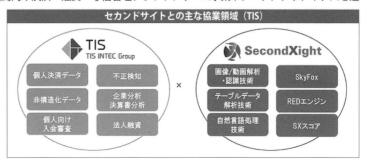

セカンドサイトとの主な協業領域（TIS）

NTTデータ先端技術 / タレスDIS CPLジャパン

PCI SSC の最新ソフトウェア セキュリティ基準の概要（アップデート版）

2019 年 1 月に PCI SSC より、PA-DSS の後継となる新たなソフトウェアセキュリティ基準として、Software Security Framework (SSF) がリリースされた。2019 年 3 月の「ペイメントカード・セキュリティフォーラム 2019」で SSF について紹介したが、その後にリリースされたプログラムガイドや、PA-DSS からの移行についてのアナウンスなどの内容を加え、SSF について解説。SSF は、国内においてはクレジットカード・セキュリティガイドラインにおける「非保持と同等相当」でも参照されている PA-DSS の後継としても注目されている。また、NTTデータ先端技術が取り扱っている Thales（タレス）社製の暗号化、トークナイゼーション等、PCI DSS の準拠維持をサポートするソリューションを紹介する。

NTT データ先端技術株式会社 セキュリティ事業本部 セキュリティコンサルティング事業部
コンサルティングサービス担当 チーフコンサルタント　佐藤功視氏
(QSA, PA-QSA, QSA(P2PE), PA-QSA(P2PE))

NTT データ先端技術株式会社 セキュリティ事業本部 セキュリティレジリエンス事業部
セキュリティオペレーション担当 主任エンジニア　千葉朝子氏

PA-DSS の後継として注目される Software Security Framework（SSF）

　今回の主題は、2019 年 1 月に PCI SSC よりリリースされた PA-DSS の後継となるソフトウェアセキュリティ基準、Software Security Framework (SSF) です。その認定プログラム（Secure Software Standard プログラム、Secure SLC Standard プログラム）を中心にお話しさせていただければと思います。

　まず、クレジットカード・セキュリティガイドラインと PA-DSS の関係についてご説明します。2018 年 6 月に施行された改正割賦販売法では、実行計画の実施期限が 2020 年 3 月まででした。この後継となるクレジットカード・セキュリティガイドラインのバージョン 1 が、2020 年 3 月にリリースされました。この内容は実行計画とそれほど大きく変わっていません。対面加盟店には、PCI DSS 準拠、外回り方式による非保持化、あるいは、内回り方式による非保持同等 / 相当の対応が求められています。内回り方式には大きく分けて、P2PE ソリューションか技術要件 11 項目の導入があり、技術要件 11 項目をクリアする方法として、DUKPT 暗号化、もしくは、PA-DSS 準拠の POS アプリケーションが求められています。

　これが SSF にどうつながるかを解説します。現状最新の PA-DSS バージョン 3.2 は 2022 年 10 月 28 日でプログラムが終了となります。それ以降はすべての PA-DSS 認定アプリケーションが「既存の導入済みのみ認められる」ステータスとなります。これは、新規の導入が認められなくなることを意味します。

　これに合わせて後継基準として策定されたのが PCI SSF です。認定プログラムはすでに開始されており PA-DSS の終了までは、PA-DSS と SSF の平行期間になります。

　PA-DSS の審査員資格である PA-QSA は、P2PE アプリケーションの審査員資格である PA-QSA（P2PE）取得の前提資格になっています。これについても SSF への移行にともなって何らかの変更があることが推測できますが、現時点では SSC からのアナウンス

NTT データ先端技術株式会社 セキュリティ事業本部
セキュリティコンサルティング事業部 コンサルティングサービス担当
チーフコンサルタント 佐藤 功視氏

はされておりません。

　一方国内事情としては、クレジットカード・セキュリティガイドラインのバージョン 1 が 2020 年 3 月に公開されましたが、そこではまだ特に PA-DSS の終息については触れられていません。2022 年 10 月の終息までには何らかの更改がされることが期待されます。

ソフトウェアと開発ベンダを 対象とした 2 つの基準から構成

　次に、PCI SSF の概要についてご説明いたします。策定の背景には、PA-DSS の策定が 2008 年とかなり古いことがあります。新しい開発手法や技術を利用した決済アプリケーションに対応するために定められたのが PCI SSF です。

　フレームワークの特徴は、2 つの基準で構成されていることです。その 1 つは PCI Secure Software Standard で、ソフトウェアを認定対象としており、PA-DSS の直接の後継となるものです。公式な略称はないのですが、長いので本記事中では SSS と略記する

場合があります。もう1つはPCI Secure Software Lifecycle（Secure SLC）Standardで、認定対象は開発ベンダですが、取得は任意となっています。

いずれの基準も認定を受けるとPCI SSCのウェブサイトに掲載されます。2020年11月10日時点でSecure SLC認定を受けたベンダが1つ、SSS認定を受けたソフトウェアはないようです。

ほかの特徴として、Objective-based Approachが挙げられます。PCI DSSやPA-DSSでは要件と呼んでいたものが、SSFではコントロール目標（Control Objectives）と呼ばれています。「すべてに対応できる万能のソフトウェアセキュリティ手法はない」という認識から、SSFのコントロール目標では、特定のレベル、厳密さ、頻度などはほぼ定められておりません。

それではどこまでやればいいのかというと、ベンダが強固なリスクマネジメントプロセスを定めて、BAUの一部として保持することが求められており、その中でベンダ自身が決定するということになります。審査にあたって、ベンダは、自分たちが定めたベースラインが有効で、求められている要件を満たしていることを、審査員に示す必要があります。

次に、PCI SSFとほかのPCI基準との関係についてご説明します。まずPA-DSSとの関係については、両者は分離・独立した基準ですが、最終的にはPA-DSSプログラムはSSFにマージされ移行していくことになります。PCI DSSとの関係についても、独立した基準ということになります。

その他のPCI基準との関係についても、現状では独立した基準という立て付けになっていますが、将来的には、ソフトウェアに関する基準の一部がPCI SSFに統合される可能性があることがアナウンスされています。

国内では、P2PEのアプリケーションを対象とするドメイン2がSSFに統合された場合にインパクトが大きいと考えています。P2PEを利用している加盟店や、P2PEのソリューションやアプリケーションを提供しているベンダは、今後の動きを注視しておく必要があるかもしれません。

これを裏付ける状況証拠の1つとして、Terminal Software Moduleというものがアナウンスされています。2020年5月1日から6月22日の間にRequest for Comments（RFC）が実施されました。これは決済端末上で動作する決済ソフトウェアを対象とするモジュールです。このモジュールを含むSecure Software Standardのバージョンン1.1が2020年下期にリリース予定となっています。

決済端末上で動作する決済ソフトウェアを対象としているということは、P2PEアプリケーションはこの括りに含まれることになるので、P2PEのドメイン2（P2PEアプリケーションを対象とするドメイン）をPCI SSFに統合するための準備としてTerminal Software Moduleを策定しているのではないかと、個人的には考えています。

Secure Software Standardの認定プログラム

それでは、PCI SSFの認定プログラムについて説明します。Secure Software Standard、Secure SLC Standardの認定プログラムを定めた、プログラムガイドという文書があります。

先に、Secure Software Standardのプレイヤーとその役割についてご紹介します。PCI SSCがSSA（Secure Software Assessor（審査員））の資格認定をします。認定されたSSAが、ベンダが開発したソフトウェアの審査を行って、レポート(ROV, Report of Validation)を作成します。レポートはSSA経由でPCI SSCに提出され、レビューのプロセスに進みます。そこで合格すると、ソフトウェアは晴れて認定を受け、PCI SSCのウェブサイトに掲載されます。

次に、認定の維持のプロセスについてご説明します。ソフトウェアの変更がない場合は、毎年、年次検証を継続することで、3年間認定を維持することができます。検証方法は自己検証でよいのですが、検証した結果(AOV, Attestation of Validation)をPCI SSCに提出して、レビューを受けて、承認されれば、認定が継続されます。ただし年次検証が期日までに提出されなかった場合には、その時点で認定が終了になってしまいます。

次に、ソフトウェアの変更がある場合のSecure Software Standard認定の維持について説明します。変更がある場合にはまず、変更の種別を評価する必要があります。変更種別には、High Impact（影響大）、Low Impact（影響小）、Administrative（管理）の3種があります。

策定の背景
- PA-DSSは2008年の策定。POSのような昔ながらの決済アプリのみを対象にデザイン
- 近年の業界動向を反映し、新しい開発手法(Agile/DevOps)や技術を利用した決済アプリも含めて対象とする基準およびプログラムとして新たに策定（クラウドのようなサービスとして提供されるソフトウェアを含む）

二つの基準で構成
- PCI Secure Software Standard：認定対象はソフトウェア。PA-DSSの直接の後継。
※公式な略称がないのですが、長いので本資料内ではSSSと略記する場合があります。
- PCI Secure Software Lifecycle (Secure SLC) Standard：認定対象は開発ベンダ。取得は任意。
- いずれも認定を受けると、PCI SSCのWebサイトに掲載される
※2020/11/10時点でSecure SLC認定を受けたベンダが一つ、SSS認定を受けたソフトウェアはないようです。

Objective-based Approach
- 要件(Requirements)からコントロール目標(Control Objectives)へ
- There is no "one size fits all" method to software security.
（全てに対応できる万能のソフトウェアセキュリティ手法はない）
- SSFのコントロール目標では、特定のレベル、厳密さ、頻度などは、ほぼ定められていない
（暗号鍵強度や、「少なくとも年次」での実施を求める要件がいくつかあるのみ）
- ベンダは強固なリスクアセスメントプロセスをBAUの一部として保持しなくてはならない
  - 厳密さや頻度は、リスクアセスメントの結果に基づいてベンダが決定
  - ベンダは、その有効性と要件を満たすことを示せなくてはならない

出所：PCI SSC 公式ブログ (https://blog.pcisecuritystandards.org/topic/software-security-framework)
PCI Secure Software Standard v1.0, PCI Secure SLC Standard v1.0
(https://www.pcisecuritystandards.org/document libraryからダウンロード可能)

PCI Software Security Framework の概要

PA-DSS との関係
- SSF は PA-DSS とは分離、独立した基準
- PCI DSS 環境で利用される決済アプリケーションに特化して設計された PA-DSS に対して、より広い範囲の決済ソフトウェアの種類、技術、開発手法、および将来の技術・ユースケースをサポートするよう設計
- 最終的には PA-DSS およびその認定プログラムは Software Security Framework に統合される（現在は移行期間）

PCI DSS との関係
- PA-DSS 認定アプリケーションと同様に、Software Security Framework で認定されたソフトウェアは PCI DSS 準拠の助けになるが、利用するだけで PCI DSS 準拠となる訳ではない
- 事業体は PCI DSS の評価の中で、ソフトウェアが適切に設定され、適用対象となる PCI DSS 要件を満たしていることを示さなければならない

その他の PCI 基準との関係
- Software Security Framework の下での認定（ソフトウェアに対する validation、ベンダに対する qualification）は、他のいずれの PCI 基準に対する認定も意味しない（現時点では分離、独立した基準）
- ただし将来的に、他の PCI 基準とプログラムの一部が Software Security Framework に統合されるかもしれないことがアナウンスされている

※国内では、P2PEのアプリケーションを対象とするドメイン2が統合された場合、インパクトが大きいかもしれません。

出所：FAQs for PCI Software Security Framework v2.0

他の PCI 基準との関係

決済アプリケーション/ソフトウェア

・内製・社内向け

・特定の一顧客向け

・決済専用でない消費者向けモバイルデバイス上で動作するソフトウェア(mPOSなど)

・PTS POI デバイスなどのハードウェア端末上で動作するもの

> Terminal Software Module の対象が含まれる?

Secure Software Standard の対象

左記に該当しない、複数の顧客に販売・配布される、決済トランザクションを直接サポートするか容易にするソフトウェア。ソフトウェアの配布形態には寄らない。

PAの対象でないがSSSの対象となるソフトウェアの例:

・SaaS

・決済ソフトウェアと統合されているOS、DBなど

PA-DSS の対象

・商用 off the shelf (COTS)

・決済モジュール

として販売されるもの

OS/DB/Others(決済アプリケーション/ソフトウェアスイートの一部)

ただし将来的に適用対象が増える可能性があることが FAQ でアナウンスされています。

出所:Secure Software Standard Program Guide を元に NTT データ先端技術作成

Secure Software Standard の適用対象(イメージ)

PA-DSS の場合には、No Impact(セキュリティに影響なし)という種別があったのですが、それがなくなっています。これはソフトウェアに何らかの変更があった場合には、必ず申請が必要になることを意味します。

それぞれの変更種別に対して、検証方法が定められています。その方法は、ベンダが Secure SLC の認定を受けているかいないかで異なってきます。

まずベンダが Secure SLC の認定を受けていない場合です。最初の検証/フル検証は 3 年ごとに必要です。High Impact(影響大)の場合もフル検証が必要です。年次検証と Administrative については、自己検証を行っていただきます。Administrative は、会社名が変わったとか、アプリケーションの名称を変えたいといった、アプリケーションの中身自体は変わらない変更です。Low Impact(影響小)の場合は、差分検証が必要になります。検証方法としては、ベンダの差分レビューによる自己評価に加えて、SSA による評価を必ず受けなくてはなりません。つまり、ベンダが Secure SLC の認定を受けていない場合は、ソフトウェアに変更があるときは、必ず SSA による評価が必須になるというところが大きなポイントです。

一方、ベンダが Secure SLC の認定を受けている場合は、Low Impact ならば自己検証のみで済みます。頻繁にバージョンアップするようなベンダであれば、Secure SLC 認定を受けることが大きなメリットになります。

ただし、Secure SLC 認定を受けるのは対応の難易度、コストの両面からそれほど簡単ではないと思われます。アップデートの頻度がどれぐらいなのかということが、一つの判断材料になるのだろうと思います。

最後に Secure Software Standard の適用対象について説明します。PA-DSS の対象である商用 Off the Shelf(COTS)や決済モジュールなどは、引き続き Secure Software Standard の対象に含まれます。PA の対象ではないが Secure Software Standard の対象となるソフトウェアの例としては、SaaS や、決済ソフトウェアと統合されている OS や DB が挙げられます。

ただし、これらの適用対象はあくまで SSS バージョン 1.0 におけるものであることに注意が必要です。将来的に対象が拡張される可能性についてはバージョン 1.0 リリース時からアナウンスされていました。実際、PTS POI デバイスなどのハードウェア端末上で動作する決済ソフトウェアは、バージョン 1.0 では対象となっていませんが、先ほどご紹介した Terminal Software Module の対象となるので、Terminal Software Module が含まれるバージョン 1.1 では対象に含まれることになると思います。

Secure SLC の認定プログラム

次に Secure SLC プログラムの認定プログラムについて説明します。まずプレイヤーとその役割についてですが、SSS と大きく変わるところはありません。PCI SSC から認定を受けた SSLCA(Secure SLC Assessor(審査員))がベンダの審査を行って、レポート(Report on Compliance)を作成し、それを PCI SSC に提出してレビューに通れば、認定ベンダとして PCI SSC のウェブサイトに掲載されます。

年次検証についても SSS とほぼ同じですが、少し条件が緩和されており、提出期日を過ぎても 14 日以内は猶予されることになっています。14 日を過ぎても 90 日以内であれば警告状態のオレンジ表示にとどまり、この期間に自己評価を報告すれば黒表示に戻って、1 年間認定を継続することができます。90 日を過ぎると赤表示になり、認定を受けるにはフル審査が必要になります。

変更がある場合の Secure SLC 認定の維持についてご説明します。Secure SLC の変更種別には Designated(指定)と Administrative(管理)の 2 つが定められています。

変更種別ごとの検証方法ですが、最初の検証と 3 年ごとのフル検証については SSLCA 会社による評価が必要ですが、年次検証、および Designated/Administrative 変更発生時の検証は自己検証になっています。

それ以外の変更についてですが、プログラムガイドに掲載されているフローチャート(バージョン 1.0, Figure 3)を見ると、変更が Administrative(管理)でも Low Impact(影響小)でもない場合にはフル審査が必要とされています。ところが Low Impact(影響小)という変更種別は Secure SLC では定義されていません。そこで SSC のプログラムマネージャーに確認したところ、この図の Low Impact は、Designated の誤りだろうということでした。早晩プログラムガイドが修正されることが期待されます。

まとめると、Designated でも Administrative でもない変更の場合は、フル審査が必要ということになります。

PA-DSS と比較して難易度の高いコントロール目標を設定

Secure Software Standard の概要についてご紹介します。PA-DSS との比較として、一番大きな違いは、要件モジュールという考え方が導入されていることです。すべての対象に適用されるコア要件と、特定の対象に適用される要件モジュールとで構成されています。バージョン 1.0 ではアカウントデータを伝送・処理・保存するアプリケーションを対象とするモジュール A のみとなっていますが、先ほどご紹介した通り、バージョン 1.1 で Terminal Software を対象とするモジュールの追加が予定されていることがアナウンスされています。

PA-DSS の要件と Secure Software Standard のコントロール目標を比較してみましょう。PA-DSS バージョン 3.2 の要件が具体的かつ詳細に記されているのに対し、Secure Software Standard のコントロール目標は抽象的であり、一般的な内容になっています。

Secure Software Standard の階層構造を見ると、一番上にコア要件または要件モジュールがあり、その配下にセキュリティ目標

- リスク評価に関するコントロール目標
  - 1.1 ソフトウェアが保存、処理、伝送する全ての機密情報の識別
  - 1.2 ソフトウェアが提供または利用する全ての機密機能およびリソースの識別
  - 1.3 重要な資産のクラス分け
  - 4.1 攻撃可能シナリオを識別する
  - 10.1 ソフトウェアの脅威と脆弱性が識別、評価、対処されること
- 機密情報の保護に関するコントロール目標
  - 6.2 機密情報は、伝送される間、安全であること
- 暗号の利用に関するコントロール目標
  - 7.2 認定された鍵管理プロセスと手順をサポートする
    ※同等ビット強度として128bit以上が要求されているためTDESは不可
  - 7.3 認定された乱数生成アルゴリズムまたはライブラリを用いて生成された乱数のみを利用する
  - 7.4 乱数値は、それが依存する暗号プリミティブと暗号化鍵の最低有効強度要件を満たすエントロピーを持つこと
- 攻撃の検知に関するコントロール目標
  - 9.1 ソフトウェアは、配布後の設定変更や明白な攻撃などの異常な振る舞いを検知して警告すること
- アカウントデータの保護に関するコントロール目標
  - A2.3 PAN を保存する場合は、トランケーション、インデックストークンとパッド、強力な暗号化のいずれかの方法で読み取り不能にすること

Secure Software Standard で注目されるコントロール目標

があります。その下に複数のコントロール目標が設定されていて、さらにその下にサブのコントロール目標とテスト要件とガイダンスの三つの項目が並列で配置されているといった構造です。Secure SLC の場合は、要件モジュールがないのでセキュリティ目標が階層の最上位になりますが、それ以降は Secure Software Standard と同様です。

　将来的にほかの PCI のソフトウェア系基準が Secure Software Standard にマージされる際は、要件モジュールとして追加されると思われます。そうすると、マージされた基準の適用対象になるソフトウェアにはコア要件の準拠も求められるようになるでしょう。つまり、もし P2PE のドメイン 2 が SSF にマージされた場合は、SSS のコア要件にも準拠しなければならないということになるので、そうなった時のインパクトは、かなり大きいだろうと考えています。

　Secure Software Standard のコントロール目標の内、注目されるものについていくつかご紹介します。まず、リスク評価に関するコントロール目標が多く追加されています。これは PA-DSS にはなかったものです。

　次に機密情報の保護に関するコントロール目標の中に、伝送されるデータに対するものがあります。PCI DSS では要件 4.1、PA-DSS では要件 11.1 で、オープンパブリックネットワークで伝送されるカードデータに対してのみ暗号化が求められているのに対して、Secure Software Standard ではすべての伝送データを保護することが求められています。

　暗号の利用に関するコントロール目標では、テスト要件まで見ないとわからないのですが、同等ビット強度として 128bit 以上が

要求されていますので、TDES が使えないということに注意が必要です。それから乱数生成に関して、認定されたアルゴリズムやライブラリを用いて生成された乱数のみを使用することが求められています。これも PCI DSS や PA-DSS では求められていなかったことです。

　攻撃の検知に関するコントロール目標も、満たすのが大変そうだと思います。

　アカウントデータの保護に関するコントロール目標については、PAN を保存する場合にトランケーション、インデックストークンとパッド、強力な暗号化のいずれかの方法で読み取り不能にすることとされています。PCI DSS や PA-DSS の 1 方向ハッシュがなくなっていることに注意が必要です。

　次に、Secure Software Lifecycle（Secure SLC）Standard の概要について、ごく簡単にご説明いたします。4 つのセキュリティ目標の内、後半の二つ、安全なソフトウェアとデータの管理、セキュリティに関する情報伝達と、それらの配下のコントロール目標については PA-DSS にも同様な要件があるので、対応の難易度はそれほど高くないと思われます。一方、前半の二つのセキュリティ目標であるソフトウェアセキュリティのガバナンスと安全なソフトウェアエンジニアリング、およびそれらの配下のコントロール目標については、PA-DSS には含まれない、あるいは詳細化された項目が多く、相対的に対応の難易度が高いと思われます。

　最後に、要点のまとめです。Software Security Framework についてご紹介しましたが、これはソフトウェアを認定対象とする Secure Software Standard と、開発ベンダを認定対象とする Secure SLC Standard の 2 つの基準と関連プログラムで構成されています。

　PA-DSS との相違点として、Objective-based Approach についてご説明しました。また、そのほかの PCI 基準との関係というところで、もし P2PE ドメイン 2（P2PE アプリケーションに関する要件）が統合された場合には、国内でのインパクトが大きいかもしれないということを申し上げました。P2PE ドメイン 2 の SSF へのマージについては、現状 PCI SSC からは何の公式のアナウンスもありませんが、いくつかの断片的な状況証拠を上げて、その可能性についてご説明しました。P2PE を利用されている加盟店、あるいは、P2PE のソリューション・アプリケーションを提供されているベンダにおいては注意が必要になると考えられます。

※本記事は 2020 年 11 月 13 日に開催された「ペイメントカード・セキュリティフォーラム 2020」の NTT データ先端技術株式会社 セキュリティ事業本部 セキュリティコンサルティング事業部 コンサルティングサービス担当 チーフコンサルタント 佐藤 功視氏の講演をベースに加筆／修正を加え、紹介しています。

4つのセキュリティ目標/10個のコントロール目標で構成
- ソフトウェアセキュリティのガバナンス
  - コントロール目標1: セキュリティの責任とリソース
  - コントロール目標2: ソフトウェアセキュリティのポリシーと戦略
- 安全なソフトウェアエンジニアリング
  - コントロール目標3: 脆弱性の識別と緩和
  - コントロール目標4: 脆弱性の検知と緩和

PA-DSS には含まれない、または詳細化された項目で、対応の難易度が高いと思われる

- 安全なソフトウェアとデータの管理
  - コントロール目標5: 変更管理
  - コントロール目標6: ソフトウェアの完全性の保護
  - コントロール目標7: 機密データの保護
- セキュリティに関する情報伝達
  - コントロール目標8: ベンダセキュリティガイダンス
  - コントロール目標9: ステークホルダーとの情報伝達
  - コントロール目標10: ソフトウェア更新情報

PA-DSS にも同様な要件があり、対応の難易度は相対的に高くないと思われる

Secure Software Standard と同名のコントロール目標
- Secure SLC: プロセスの確認に重点
- Secure Software Standard: 対象のソフトウェアに対するプロセスの実施結果の確認に重点

Secure SLC Standard のセキュリティ目標と コントロール目標

NTTデータ先端技術の「PCIトータルサービス」のご紹介

トークン化の採用により
監査対象範囲の低減が可能に

　弊社では PCI DSS 準拠のためのサービスをトータルで提供しています。PCI DSS の審査やコンサルといった支援のほか、監視や診断サービス、ログ分析などのセキュリティ関連製品を多数取り扱っております。その中で、Thales（タレス）社の2つの製品について簡単にご紹介させていただきたいと思います。

　サービスの1つに、暗号鍵管理の汎用 HSM（ハードウェアセキュリティモジュール）、Luna Network HSM があります。暗号鍵の厳重な管理や、定期的な鍵交換の自動化を行うことができます。導入実績は多数あり、設計や構築支援サービス、24時間365日のオンサイト保守も行っています。物理的なハードウェアではなく、気軽に導入できるクラウド型の HSM も取り扱っています。

　次に、PCI DSS 対応ソリューションとして、CypherTrustManager をご紹介いたします。PCI DSS の監査対象範囲を狭めることができるソリューションです。カード番号をトークンに変換し、業務用データベースにトークンを保存し、トークンで業務処理を行えるシステムになっています。

　トークン化と暗号化の違いについて簡単にご説明いたします。暗号化はアルゴリズムによって行われ、データ形式が変更されます。一方、トークン化では、元データと関連のない意味のない文字列に変換し、データ形式は変更されません。暗号化はデータを復号化することができますが、トークン化されたデータは復号化

することができません。トークン化は暗号化以上にセキュアなシステムだと言えます。トークン化によって PCI DSS の監査対象範囲を低減することができます。

　データベースの暗号化の場合、クレジットカード番号は暗号化されていますが、すべてのシステムが PCI DSS の監査対象になっています。

　トークン化を導入した場合、トークンでやり取りする部分は監査対象からはずれますので、監査対象範囲を半分ほどに低減することができます。

　製品の詳細説明やお見積りはお気軽にご相談ください。

※本記事は 2020 年 11 月 13 日に開催された「ペイメントカード・セキュリティフォーラム 2020」の NTT データ先端技術株式会社 セキュリティ事業本部　セキュリティレジリエンス事業部 セキュリティオペレーション担当　主任エンジニア　千葉朝子氏の講演をベースに加筆／修正を加え、紹介しています。

NTT データ先端技術株式会社 セキュリティ事業本部
セキュリティレジリエンス事業部 セキュリティオペレーション担当
主任エンジニア　千葉　朝子氏

企業概要

NTT DaTa

NTTデータ 先端技術株式会社

NTT データ先端技術株式会社
セキュリティ事業本部 Thales 製品担当

〒 104-0052
東京都中央区月島 1–15–7
パシフィックマークス月島 7F
TEL：03-5859-5422
URL：http://www.intellilink.co.jp
E-mail：il-HSM-sales@intellilink.co.jp

THALES

タレス DIS CPL ジャパン株式会社

東京都港区港南 1 丁目 6–31 品川東急ビル 5F
TEL: 03-6744-0221
URL：https://cpl.thalesgroup.com/ja
E-mail:cpl.jpsales@thalesgroup.com

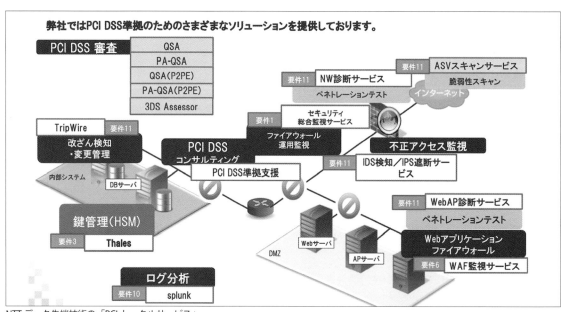

NTT データ先端技術の「PCI トータルサービス」

GCANセンターで「PCI P2PEソリューション」のプロバイダー認定を取得
加盟店に非保持と同等/相当のセキュリティ措置を提供へ

グローリーは、決済情報処理センター「GCAN（ジー・キャン）センター」において、PCI SSC が定める国際的セキュリティ基準「PCI P2PE ソリューション」のプロバイダー認定を 2019 年 9 月に取得した。同社の取り組みについて話を聞いた。

流通POSのASP展開に向けP2PE準拠

グローリーが運営する「GCAN センター」は、クレジットカード、電子マネー、デビットカードのセキュアな決済中継・ASP サービスを行うための決済センターとなり、約 5 万台の端末と接続されている。また、通貨処理や自動販売機などのサービス機器は、病院をはじめ、ホテル、食堂、キャンパスなどさまざまな場所に設置されている。GCAN センターでは、2007 年に情報セキュリティマネジメントシステム「ISMS」、2018 年 3 月にペイメントカードの国際セキュリティ基準「PCI DSS」を取得するなど、セキュリティ強化に力を入れてきた。

PCI P2PE ソリューション取得に向け、2017 年夏から秋にかけて PCI P2PE ソリューションの検討を開始。社外セミナーへの参加、「PCI PTS」のセキュリティ要件「SRED（Secure Reading and Exchange of Data）」に対応した決済端末を製造するパナソニックなどと打ち合わせを行った。

グローリーでは、病院分野の自動精算機で強みを持つが、流通の POS 市場の ASP サービスを展開する際に、加盟店から PCI P2PE ソリューションへの対応が求められていた。自動精算機は外回り方式の運用だったが、「大手の量販店は内回りのニーズが多かったです」とグローリー 開発本部 システム開発統括部 GCAN G センター 開発グループ チームマネージャー 大塚祥洋氏は話す。2020 年 3 月の実行計画の期限に向けて、大手加盟店で非保持化同等/相当となる内回り対応を進める世の中の情勢になっていた。

HSMによる鍵管理が肝に

2017 年 11 月に「P2PE QSA」数社に見積もりを依頼し、12 月に審査会社を決定。グローリーが準拠した当時は、国内企業での審査実績がある P2PE QSA がなかったため、以前 PA-DSS の準拠を検討した際に協力を得た、NTT データ先端技術に依頼した。PCI P2PE ソリューションには日本語の資料はないが、2018 年 1 月に審査機関による P2PE の勉強会を開き、スコープの定義や対応方針、パートナー企業の役割について決定した。同 6 月から QSA によるコンサルティングを受け、事前の対策を行い、2019 年 2 月から P2PE ソリューションプロバイダー認定の審査対応を開始した。

準拠に向けては、HSM（ハードウェア・セキュリティ・モジュール）による鍵管理が肝となった。大塚氏は「HSM の機能をバージョンアップする必要がありましたが、対応している HSM が 2019 年 4 月に PCI SSC の認定が切れる製品であり、審査の開始時期と接近していました。その中で、採用したファームウェアが PCI P2PE 認

「PCI P2PE ソリューション」のプロバイダー認定を取得し、業界最高水準のセキュアな環境でのサービス提供を実現

左からグローリー 開発本部 システム開発統括部 GCAN G センター 開発グループ グループマネージャー 井神大輔氏、同開発グループ チームマネージャー 大塚祥洋氏、同開発グループ 米澤克正氏

定、もしくは FIPS（連邦情報処理規格）認定で審査を受けるかが決まりませんでした」と振り返る。結果的に、エビデンスを揃える苦労はあったが、FIPS 認定で対応した。

PCI DSSとの整合性を図って準拠

今回は、「GCAN センター」とパナソニック製の決済端末を紐づける形で対応している。ドメイン 1「暗号化端末（POI デバイス）と端末内アプリケーション管理についての要件」、ドメイン 3「P2PE の管理全般についての要件」、ドメイン 6「POI デバイスと HSM、および暗号鍵の管理についての要件」、「リモート鍵配布の鍵や証明書管理についての要件」、「暗号鍵の注入施設（KIF：Key Injection Facilities）」が対象となった。

グローリーではすでに、PCI DSS に準拠しているため、同基準との整合性を図りながら、無駄が発生しないように対応を進めた。その結果、当初の計画通り、2019 年 9 月に準拠証明書を取得した。物理的な対応は、すでにあるファシリティを利用することによって、迅速に進んだが、開封のエビデンスを手順化したうえで残す対応が難しかったそうだ。

国内企業で早期の対応だったため、苦労した部分も多く、相応のコストもかかっている。更新審査は 2022 年 9 月までに必要となるが、「初回の審査の際に用意したものを流用することで対応を圧縮できる部分もありますが、2019 年 12 月にバージョン 3 が出てきていますので、その対策が必要となり、対応を進めていく計画です」と大塚氏は説明する。また、P2PE の認定サイクルは 3 年だが、HSM の保守は 5 年となるため、同部分の調整も必要であるとした。

今後も高度なセキュリティ対策を継続へ

今回の P2PE ソリューションにより、特に大手の加盟店に対しカード情報の非保持と同等/相当のセキュリティ措置を提供することが可能となった。海外では、大手加盟店の PCI DSS 対応は必須となっているが、国内では加盟店ごとに非保持化も含め、個別の対応が必要になる。グローリーでは、今後もクレジットカード決済をはじめとする各種キャッシュレス決済において、加盟店やカード利用者に満足してもらえる高度なセキュリティ対策を施し、厳正で利便性の高いサービスを提供していきたいとした。

ルミーズ

カード情報を内回りで処理できる「PCI P2PE」の仕組みや考え方は？基準への対応は約7割を占める鍵管理が重要に

安全なクレジットカード取引を行うために PCI SSC が定めた国際的なセキュリティ基準「PCI P2PE」の仕組みや考え方について、国内で最も同基準の認定を取得しているルミーズの開発部 部長 大池絢輔氏に解説してもらった。大池氏は 2012 年にルミーズの PCI DSS 準拠対応チームに参加し、2014 年からリーダーを務めた。2017 年に PCI P2PE ソリューション認定対応チームリーダー、2018 年に PCI P2PE コンポーネント認定対応チームリーダーとして同基準の実務を担当している。

ルミーズはPCI P2PE認定数が国内トップ「非保持化」同等相当に

2020 年 10 月現在、ルミーズは PCI P2PE ソリューション認定が 4 サービス、PCI P2PE コンポーネント認定が 2 サービスとなっており、国内における認定数№ 1 となっている。PCI P2PE は、暗号化する決済端末と、復号化する HSM の拠点間を安全に保護するためのセキュリティ要件だ。そこで使われている暗号化方式は「DUKPT（Delivered Unique Key Per Transaction）」と呼ばれ、トランザクションごとに異なる暗号鍵を用いて、暗号化 / 復号化を行う方式となる。

改正割賦販売法の施行により、加盟店は「カード情報の非保持化」もしくは「PCI DSS 準拠」が求められる。PCI P2PE ソリューションの導入により、どちらの方法でも加盟店の負担が軽減する。

非保持化実現のための接続方式には、「外回り方式」「内回り方式」がある。まず、外回り方式は、加盟店のシステムと連動しない独立した端末で決済をする方式だ。特徴として、カード情報が加盟店システムを通過しない代わりに、既存業務フローやシステムフローに大きな変更が必要な場合もある。内回り方式は、暗号化したカード情報が加盟店システムを通過する方式だ。既存業務フローをほぼそのまま維持でき、システムフローも小幅な変更で済むため、多くのニーズがある。ただし、11 項目のセキュリティ要件を満たすか、PCI P2PE 認定ソリューションの導入が必要だ。PCI P2PE ソリューション導入により、11 項目のセキュリティ要件を満たす必要がなくなるため、非常に対応がしやすくなる。PCI DSS 準拠の場合、約 400 の監査項目数が「SAQ P2PE」適用でわずか 33 項目となり、大幅に監査項目を減らすことができる。

PCI P2PE ソリューション導入のメリットとして、①「非保持化」相当となるため、情報漏洩リスクが軽減される、②内回り方式の場合、実行計画のセキュリティ要件（11 項目）の対応が不要となる、③ PCI DSS を取得する場合、監査項目を 10 分の 1 程度に縮小することができる、④端末のセキュリティに関する運用負担を軽減することができる、という 4 つの特徴がある。

ソリューションの事例として、ルミーズが最初に取得したのが MO・TO（メー

ルミーズ 開発部 部長 大池絢輔氏

ルオーダー・テレフォンオーダー）向けソリューションだ。対応機種は、マニュアル入力に特化した「SREDKey2」、および EMV コンタクト IC、NFC、磁気カード読み取りとマニュアル入力をサポートした「VP3600」となる。

また、自動販売機・自動精算機向けマルチ決済端末でも PCI P2PE ソリューションに準拠しており、クレジットカード（接触・非接触 IC・磁気）、電子マネー、QR コードのすべてのキャッシュレス決済を搭載した「salo-01」、クレジットカード（接触 IC・磁気）、QR コードに対応した「VP6800」、オートローダー式接触 IC 決済端末で、非接触 IC にも対応可能な「VP5300M」が準拠している。

各ドメインの概要は？鍵を徹底して管理することが主眼に

PCI P2PE ソリューションの取得側として、各ドメイン概要は以下の通りだ。

ドメイン 1	暗号化端末（POI デバイス）と端末内アプリケーション管理についての要件
ドメイン 2	暗号化端末（POI デバイス）内で平文 PAN へのアクセスを行うアプリケーションについての要件
ドメイン 3	P2PE の管理全般についての要件
ドメイン 4	加盟店管理ソリューションについての要件（加盟店自身がソリューションプロバイダとなる場合のみの要件）
ドメイン 5	複合環境のセキュリティについいての要件
ドメイン 6	POI デバイスと HSM、および暗号鍵の管理についての要件
ドメイン 6	リモート鍵配布の鍵や証明書管理についての要件（Annex A）
ドメイン 6	暗号鍵の注入施設（KIF：Key Injection Facilities）（Annex B）

例えば、ドメイン 1、3、6 は N/A になることは少ないと思われるが、ドメイン 2 は端末内アプリケーションが平文 PAN を扱わない場合は省くことができる。ドメイン 4 は加盟店自身がソリューションプロバイダとなる特殊な環境で適用されるため、N/A になることが多い。ソリューションに合わせて取得の形態が変わる。大池氏は「暗号環境、復号環境は外せないため、そこを自身で用意するのか、外部に委託するのかがポイントとなります」と話す。

P2PE 認定取得のハードルとして、まず設備投資がかさむことが挙げられる。暗号環境では、端末に対して暗号鍵を注入する環境（KIF）が必要となる。ルミーズでは、KIF を取得した際、3,700 万

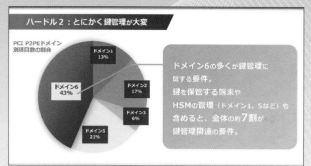

PCI P2PE 認定取得のハードル

ンポーネントに準拠したファシリティで決済端末のキーインジェクション作業を代行する。HSM や端末を管理する高価なファシリティを用意する必要がなくなる。また、「クラウド HSM サービス」は、復号環境をクラウド提供するサービスだ。インターネット経由で PCI P2PE コンポーネントに準拠した HSM 環境を利用できる。HSM の管理をルミーズで実施。復号化処理を行う高価な HSM を用意する必要がなくなるため、大幅なコストダウンを図れるという。

キーインジェクションやクラウド HSM 導入のメリットとして、キーインジェクション単体の導入でキーインジェクション用 HSM、専用ファシリティなどが不要となり、費用を最大 40％、工数を最大 40％削減可能だ。また、クラウド HSM 単体の導入で、復号環境が不要となり、費用を最大 40％、工数を最大 40％削減できる。さらに、両サービスを併用することで、鍵管理が一切不要となり、費用を最大 90％程度、工数を最大 95％程度削減可能だ。両サービスを導入した場合、プロバイダで実施することはドメイン 1 と 3 を行うだけで済むため、全体の 10％程度の数で済む。

「弊社では今後の予定として P2PE コンポーネントのうち『Certification/Registration Authorities』を 8 月頃までに取得予定です。これにより、リモートでのキーインジェクションやアプリケーションの安全なアップデートが可能となります」（大池氏）

円の費用が掛かったが、その 6 割ほどが設備投資費となった。なお、ルミーズが初めて P2PE ソリューションに準拠した MO・TO 向けソリューションの際はアイディテックと連携していたが、自動販売機・自動精算機向けマルチ決済端末では、自身で P2PE コンポーネントを取得した。その KIF 取得時で HSM が 1,500 万円、セキュリティ関連装置（監視カメラ、入退室管理装置等）が 200 万円、キーインジェクション専用ルーム工事等で 500 万円の費用がかかった。

さらに、取得に向けて、「とにかく鍵管理が大変」（大池氏）であり、データを管理する鍵を徹底して管理することに主眼が置かれている。PCI P2PE のドメイン別項目数の割合をみると、43％がドメイン 6 に関する項目だ。また、鍵を保管する端末や HSM の管理関係のドメイン 1、5 も含めると、全体の約 7 割が鍵管理関係の要件となる。鍵管理自体は運用に加え、ポリシー策定などの負担も大きい。

必要な機能の一部を切り出した
PCI P2PE コンポーネント
キーインジェクションと
クラウド HSM で負担軽減

PCI P2PE コンポーネントは、PCI P2PE ソリューションで必要な機能の一部を切り出したものだ。現在のタイプは、①暗号化端末（POI デバイス）とアプリケーションの管理に関する認定となる「Encryption Management」、②復号環境に関する認定となる「Decryption Management」、③復号化端末（POI デバイス）へのキーインジェクションに関する認定となる「Key-Injection Facilities」、④非対象鍵を使用した対象鍵の配布、証明書発行における認証局/登録局に関する認定となる「Certification/Registration Authorities」、の 4 つがある。ルミーズでは②と③を使用している。大池氏は「この 2 つを上手く利用することで、これからソリューションを導入する会社はハードルを軽減可能です」とポイントを挙げる。

なお、ルミーズの「キーインジェクションサービス」は、決済端末への鍵注入を代行するサービスだ。ルミーズの PCI P2PE コ

認定済みサービスで 9 割の工数削減可能
導入する企業は増加傾向に

まとめとして、加盟店は P2PE ソリューション認定済みのサービス導入により、非保持化対応の負担が軽減される。また、プロバイダは P2PE ソリューションの取得には鍵注入施設や鍵管理等で相当なコストが発生するが、P2PE コンポーネント認定済みのサービス導入により、最大 9 割のコスト減が期待できる。

大池氏は「国内でも P2PE ソリューションの取得が増えており、弊社でもコンポーネントを増やす計画があります。弊社へのお問い合わせも増えており、これから導入されるプロバイダは増えていくと想定されます」と語った。

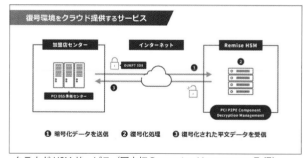

クラウド HSM サービス（国内初 Decryption Management 取得）

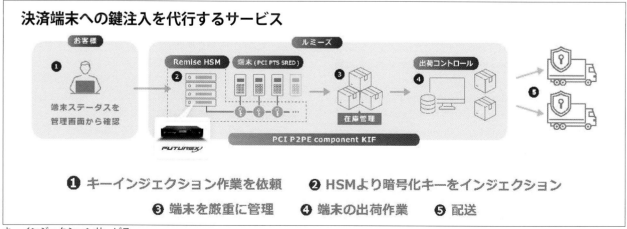

キーインジェクションサービス

テュフズードジャパン

PIN入力装置のセキュリティ基準 「PCI PTS POI」認定取得の概要は?

クレジットカード等の決済取引におけるセキュリティ基準における「PCI PTS POI」認定取得について、テュフズードジャパン株式会社 COM事業部 IEP部 シニアセールスエグゼクティブの登山慎一氏に解説してもらった。

PCI PTS POIは、過去にも現在にも、日本国内に評価が可能な試験ラボはない。そのため、国内のベンダーにとって取得のハードルが高い。テュフズードジャパンでは、ドイツのセキュリティラボとのパートナーシップにより、日本国内で PCI PTS POI の認定受付を行っている。今回は、① PCI PTS POI の概要、②関連ドキュメント、③ Modular Derived Test requirements の概要、④認定プロセス、⑤パートナーシップ、の5つのトピックを中心に紹介する。

PCI PTS POI とは

PCI PTS POI は、Payment Card Industry PIN Transaction Security Point Of Interaction の略である。PCI SSC はセキュリティ基準を策定する協議会であり、2006年に American Express、Discover、JCB、Mastercard、Visa によって設立された。この PCI SSC が策定した PIN 入力装置のセキュリティ基準で、決済端末の PIN 取引を保護することを目的としているのが PCI PTS POI である。

現在、国内で進められる割賦販売法改正によるセキュリティ対策の強化では、EC 取引などの非対面加盟店と、実店舗の対面加盟店に分けて対応が進められている。この PCI PTS POI は後者の対面加盟店での決済において、セキュリティを担保する仕組みの中の一部分になる。対面加盟店は、2020年3月末までにカード情報非保持化または非保持化同等の措置、もしくは PCI DSS 準拠が目標とされている。こうした PCI DSS 準拠や PCI P2PE の導入の際に必要となるのが、PCI PTS 認証済みのデバイスである。また、それとは別に各国際ブランドが取得を要求している。

PCI PTS POI に関わる 主なドキュメント

下記は、PCI PTS POI の評価に関わる主なドキュメントである。いずれも PCI SSC のウェブサイトから入手可能（言語設定を英語にし、ドキュメントライブラリーから入手）。ドキュメントは英語のみのため、言語のサポートが必要な場合はテュフズードが対応可能だ。

- Device Testing and Approval Program Guide (Version 1.9, June 2020)
- Point of Interaction (POI) Modular Security Requirements (Version 6.0, June 2020)
- Point of Interaction (POI) Modular Derived Test Requirements (Version 6.0 June 2020)
- PTS POI Technical FAQs for use with Version 6.0 (December 2020)
- Vendor Release Agreement (Sep 2019)
- Attestation of Validation (AoV) (Jun 2020)

テュフズードジャパン株式会社 COM 事業部 IEP 部
シニアセールスエグゼクティブの登山慎一氏

PCI PTS 試験で求められるドキュメントー Point of Interaction(POI) Modular Derived Test Requirements の概要

先に挙げたドキュメントのうち、主に評価に関わるのが Point of Interaction(POI)Modular Derived Test Requirements である。現在のバージョンは6で、2021年6月まで 5.1 も選択できる。

本ドキュメント（バージョン5.1）の DTR モジュール1では、タンパ検出メカニズムという物理的セキュリティ、ファームウェア認証などの論理的セキュリティ、オンライン・オフライン PIN セキュリティに関するコアな要求事項が定義されている。DTR モジュール2では、TOE の識別やカードとラップに対する防御などの POS 端末のインテグレーションに関する要求事項が定義されている。DTR モジュール3では、脆弱性評価や運用テストといったオープンプロトコル要求事項が定義されている。DTR モジュール4では、SRED（Secure Reading Exchange of Data）と呼ばれる安全なデータの読み取りと交換について記載されている。DTR モジュール5では、製造段階や製造拠点からイニシャルキーローディングの施設や、最初に設置する場所までのデバイスマネージメントに関するセキュリティ要件が記載されている。PCI PTS 認証取得の評価の際には、指定の手法で要求が満たされているかを確認されるため、要求事項の内容を理解して対策することが必要だ。

バージョン6での主要な変更点は楕円曲線暗号をサポートするための要件「ソフトウェアセキュリティドメイン」を定義し評価するための新規要件の追加や、ファームウェアでの3年の有効期限の設定等である。バージョン5での DTR モジュールは、バージョン6では4つの項目に再編されているが、内容に大きな変更が入るものではない。バージョン6の評価モジュール1では物理的および論理的セキュリティについて、評価モジュール2では POS 端末

の統合、評価モジュール3では通信とインターフェース、評価モジュール4ではライフサイクルセキュリティについてそれぞれ記載されている。

PCI PTS 試験における認定プロセス

PCI PTS POI 基準は、他の基準と同様、定期的に更新されている。現在主な更新は3年ごとに実施されており、大きな更新があった1年後に更新が行われる。2020年6月にバージョン6の発表が行われた。ベンダーは、2021年6月以降はバージョン6のみが、それ以前はバージョン5.1またはバージョン6のいずれかの要件にしたがって、製品のPCI PTS評価を選択できる。

具体的な認定プロセスは次の通りだ。端末ベンダーは、PCIセキュリティ要件に準拠した機器の開発を行う。試験ラボは、定められた手順にのっとり、評価を行い、レポートを策定する。PCI SSC は、セキュリティ評価手段の定義と認定プロセスの管理を行う。各決済ブランドは、セキュリティのリスクに関して総合的な管理を行う。

また、評価・認定時のプロセスは次の通りだ。端末ベンダーは、試験ラボに評価用サンプルと必要ドキュメントを提出する。試験ラボは評価し、策定したレポートをPCI SSC に提出する。PCI SSC は認定書を発行し、認定済みデバイスとしてリストする。各決済ブランドではこのリストをもとにセキュリティのリスクを管理する。このように、評価試験機関と認定機関が分かれているのが特徴だ。

PCI PTS 試験において端末ベンダーが対応すべきこと

1. 事前評価・本評価

PCI PTS プロセスにおいて端末ベンダーは、まず事前評価への対応が必要となる。試験ラボから要求された資料を提出し、評価対象のデバイスについて、どのようなセキュリティ対策が行われているか確認する。その上で、デバイスが実装しているセキュリティ対策が、PCI の各要求事項のどの部分をカバーしているか確認する。同評価の試験範囲はデバイスの機能により決定されるため、事前評価の段階で試験範囲の確認をする。事前評価はおおむね3週間程度の期間を要する。

本評価では、端末ベンダーは、試験ラボから要求される評価に必要な書類やサンプルを準備し提出する。1つはPCI Security requirements（SR）であり、デバイスの詳細情報（モデル名、HW/FW バージョン、各機能）と、試験要求事項に対するチェックリストを記入する。もう1つは、デバイス用のPCI Evaluation Vender Questionnaire(VQ)であり、PCI 要求事項に関する質問に回答する。質問への回答は、そのデバイスに適用される要求事項に関するもののみでよい。また、セキュリティポリシーの用意も必要となる。このセキュリティポリシーは、PCI SSC のウェブサイトの認定済みデバイスのリストに掲載される。テンプレートは、DTR Appendix H に記載されている。

2. 試験ラボに提出するドキュメント類・試験用デバイス

本評価では、デバイスがどのように動いているのかを試験ラボが理解するために、端末デバイスメーカーは試験ラボから要求のあった資料を提出する。提出するドキュメント類の代表的な例は次の通り。なお、デバイスによってはこれ以外に接着剤の仕様書などの提出を求められるケースもある。必要となる資料は、事前評価の段階で試験ラボから連絡がある。これらのドキュメント類は試験ラボで評価のために参照され、PCI SSC には提出されない。

- ・PCB の最終レイアウトと回路図
- ・内部品管理システムと変更管理システムに関するドキュメント
- ・データ入力と出力（鍵管理、PIN 管理、ユーザーインターフェース等）に使用されているすべての機能について記述されたドキュメント類
- ・セキュアなソフトウェア開発に関するエビデンス
- ・ブロックダイアグラム、フローチャート、ハイレベルまたはローレベルセキュリティコンセプト等の追加資料
- ・ソースコード

評価に必要な試験用デバイスについては、試験ラボの指示に従い用意する。また PCI SSC のアーカイブ用途のデバイスも用意する必要がある。このアーカイブ用デバイスも併せて試験ラボに送付すること（試験ラボから後日 PCI SSC に提出される）。

3. PCI SSC との契約書締結

端末ベンダーと PCI SSC 間では、Vendor Release Agreement の締結が必要となる。この契約書のひな型は PCI SSC のウェブサイトで入手できる。この契約書は、試験ラボから PCI SSC にレポート提出と併せて提出されるため、端末ベンダーは試験が完了するまでに必要事項を記入し、署名したものを試験ラボに提出する。この契約の中で PCI SSC は、ベンダーに対し、定型的に脆弱性の評価を行うこと、また製品のセキュリティ対策が突破された場合は PCI SSC に通知することを規定している。

本評価はおおむね3カ月程度がかかるが、その間に試験ラボから質問や追加資料の要求があった場合は、都度対応が必要となる。評価が問題なく完了すると、試験ラボが評価レポートを発行し、PCI SSC に提出する。PCI SSC の確認と手続き後に、PCISSC から認証番号が発行される。その間、2週間ほどの期間が必要だ。

テュフズードでは独 Security Research & Consulting GmbH と連携

テュフズードジャパンでは、ドイツの Security Research & Consulting GmbH と連携している。Security Research & Consulting は、PCI PTS の認定を世界で最初に取得したセキュリティ評価ラボであり、長い実績を持つ。30％以上のスタッフが博士号を取得しており、高い知識とスキルを有しているシステムセキュリティの専門家集団だ。テュフズードジャパンは Security Research & Consulting とのパートナーシップにより、PCI PTS のセキュリティ評価を日本国内から申し込めるサービスを提供している。また言語面でも日本語によるサポートが可能である。

ネットムーブ

市販デバイスを決済端末に使用する「SPoC」と「CPoC」国内での普及やセキュリティのポイントは？

国内では、スマートフォンを決済端末と連携させる mPOS（モバイル POS）ソリューションがここ数年すっかり定着した。今後は、Android や iOS といった市販のデバイスとなる「COTS」を決済端末として使用する SPoC（Software-Based PIN Entry on COTS）や CPoC（Contactless Payments on COTS）の国内での普及が期待されている。今回は、スマートフォン決済サービスのセキュリティに詳しい、ネットムーブ ペイメント事業部長 高田理己氏に、COTS デバイスの国内普及に向けたセキュリティ面でのポイントについて、解説してもらった。

mPOS の次世代サービスとして COTS を調査中

ネットムーブは、2019 年 4 月に住信 SBI ネット銀行の 100％子会社となった。現在は住信 SBI ネット銀行に対し、スマートフォンでのログイン時に FIDO（Fast IDentity Online）での生体認証を行う機能を提供している。また、住信 SBI ネット銀行は、Visa とMastercard のプリンシパルメンバーであるため、決済のパッケージサービス等で協業していく可能性もある。高田氏は「クレジットの決済代行のファンクションだけではできないことを検討しています」と話す。

同社では、2015 年から mPOS ソリューションとして「SaAT ポケレジ」の名称でスマートフォン決済サービスを展開していたが、2020 年にはスピーディ、シンプル、セーフティなサービスとして「Spayd（スペイド）」にリブランディングした。

ネットムーブの強みとして、iOS の Jailbreak（ジェイルブレイク）、Android の Root 化検知をはじめとしたセキュリティ関連 SDK（ソフトウェア開発キット）を金融機関向けに販売しており、インターネットバンキングの利用者に組み込んでもらうと脆弱性が検知で

ネットムーブ ペイメント事業部長 高田理己氏

きる仕組みを提供しているが、「スペイドにもサービス提供当初より同エンジンが入っており、脆弱性がある段階では決済させない機能を搭載しています。COTS は PCI SSC でセキュリティ仕様を規定していますが同様の機能が要求されていることから弊社でも取り組みやすいのではないか？と考えたのが調査を進めるきっかけになりました」と述べる。

スマートフォン決済サービス「Spayd（スペイド）」

スペイドでは、決済時のクレジット番号は端末で読み取り時にすぐに暗号化している。暗号化はいろいろな方式があるが、単純に固定のカギを使った場合、1つの鍵が漏洩した時にシステム全体の暗号鍵がわかり、搾取した人に読み取られてしまう懸念がある。その対策として、決済の都度、暗号鍵を変える方式「DUKPT（Delivered Unique Key Per Transaction）」の仕組みがあり、現在は、mPOSのプレイヤーが標準的に採用している。それを国内でいち早くモバイルPOSで採用した。鍵を配布する大元の鍵はThales（前Gemalto）のHSM（ハードウェア・セキュリティ・モジュール）を使用し、端末側とセンター側をPKI（公開鍵暗号基盤）を使って相互認証したうえでセキュアな鍵を配布している。こういった部分をスクラッチで一から作ると、コスト面を含め、事業に影響が出るが、同社が仲介することでMIURA Systems製の端末を使用して早期に事業を開始可能だ。同社では、mPOSの次世代のサービスを調査しており、COTSデバイスの導入を検討している。

また、2017年10月に「PCI P2PE ソリューション」および「PCI P2PE コンポーネント」のプロバイダ認定を国内で初めて取得し、2020年10月に更新している。

SPoC は SCRP で読み取り後に
PIN 入力を汎用デバイスで実施

COTSには、SPoC（Software-Based PIN Entry on COTS）とCPOC（Contactless Payments on COTS）の2種類ある。SPoCは、SCRP（Secure Card Reader for PIN）でカード番号を読み取ってから、AndroidやiOSといったCOTSデバイス上でPIN入力させる仕組みだ。店舗は、専用のアプリケーションを汎用デバイスにダウンロードして使用する。SPoCを世界で初めて商用展開したのは日本でもビジネスを展開している米国・Squareとなり、数多くのOSで認定を取得し、米国でサービスをスタートしている。また、グローバルでは、Soft Space、MYPINPAD、Ingenico、PAX Computer Technology (Shenzhen)などが認証を取得している。

PCI SSCのサイトに掲載されている認定リストの「Solution Details（詳細）」をクリックすると、認定されたデバイス、OSのリストが確認できる。すなわち、オペレーション上の課題として「OSのバージョンごとに認定を取得する必要があり、使用しているOSを監視する必要があります。実働でいうと、Androidは癖があるため、メーカーは端末も検証する必要が出てくるでしょう」と説明する。また、仕様書では健全なデバイスでないと使わせないことがレギュレーションで定められている。高田氏は「決済時にJailbreak、Root化されていないか、また、PINを入力する際のアプリケーションが改竄されていないかをトランザクション毎に都度確認する必要があります」と話す。

OS のバージョンアップ対応が
普及の課題に

例えば、iOSやAndroidのバージョンアップなどは頻繁に発生するがサポートされていないバージョンが出現した際に「店舗がOSをバージョンアップした際の取り決めや運用が課題である」と高田氏は見解を述べる。日本でビジネスを展開する場合、ネットムーブは銀行系のアプリを提供しているため、こうしたセキュリティのノウハウが蓄積できている点も強みになるとみている。実際に事業を提供する際は、PCI PTSを取得しているハードウェアベンダーと組み、PINを入力するアプリケーションとセットで認定を取得する形になる。高田氏は「もし弊社が展開するのであれば、PIN入力をするアプリケーションを自前で作るか、ナレッジのある企業にお願いし、OSの保護、セキュリティの部分は我々が行う形も想定

しています」としている。

SpoCでは、PINパッドが不要となり、サービス提供者としてコストを抑えることが可能だ。現状、COTSのサービスを展開する企業は、月額や年間のライセンス費用を徴収するケースが多い。一方、ネットムーブがすでに提供しているMIURA SystemsのmPOS端末は買い切りであり、「5年間で比較するとMIURA Systemsの方がまだ安価です」（高田氏）。ハードウェア自体はまとめて購入すれば、PINパッドがないため安くなるが、そこにソフトウェアのライセンス費用がのしかかる。また、OSが変わったときに再度の検定が必要だ。ネットムーブでは、セキュアなアプリの提供など、セキュリティの懸念はカバーできているが、コスト感が合えば導入したいと考えているそうだ。

非接触決済を汎用機で
可能にする CPoC

一方、Visaのタッチ決済、Mastercardコンタクトレス、アメックスのタッチ決済といったISO/IEC 14443 TypeA/Bに対応した非接触決済（NFC決済）では、SCRP端末が不要なCPoCで認定ベンダーが出てきている。店舗は、汎用機にアプリケーションをダウンロードすれば、専用デバイス不要でサービスを利用できる。海外では、Digit Secure Singapore、MYPINPAD、Pine Labs、Soft Space、Synergistic Financial Networksといった企業が認定済みであり、Appleが買収したMobeewaveもサービスを提供している。日本でもSoft Spaceがジェーシービーと実験を行い、GMOフィナンシャルゲートと連携して、国内でのサービス開始を発表している。例えば、決済端末メーカーはAndoridで読み取る決済端末を展開しており、それが汎用機に変わるため、読み取りを行うためのソフトウェアはすでに提供されている。課題として、「SPoCと同様にOSのバージョンを上げた時の運用メンテナンスやコストです」と高田氏は述べる。

非接触決済における本人確認の話で国内はオンラインPINが整備されていないためサインか生体認証のCDCVMの2通りの選択肢がある。非接触EMVは接触EMVと異なりブランド毎に仕様が策定されており、仮にCPoCでソフトウェアによる非接触EMV機能を提供する際にはブランド毎に機能開発が必要になります。

なお、国内では、iDやQUICPay、Suica等の交通系電子マネー、楽天Edy、nanaco、WAONといったFeliCaベースの非接触決済が以前から展開されている。高田氏は「汎用デバイスを決済端末として提供するサービスは、Androidであれば、TFペイメントサービスがすでに出しており、技術的な壁はないと思いますが、FeliCaの決済鍵をCOTS上で扱うことは厳しいためシンクライアントセンターで決済鍵を扱うことが条件になるかと思われます。一方、EMVに関しては、COTS上のアプリで決済処理を行いますが、カード情報の暗号化はキーマネージメントが必要でDUKPTでの暗号化が必要となります。この辺りもCPoCの仕様書では規定されており弊社が取得済みのP2PEで記載されているキーマネジメント機能なども出てきます」と説明してくれた。

課題である運用コストについては、「現状はOS、デバイス毎の定められた仕様通りに機能していることを確認する検定ラボが必要になりますが、PCI SSCのCOTS認定で検定を実施した実績がある会社はSSCサイトで確認する限りは2社しかありません。P2PEを弊社が国内で最初に取得した当時、認定監査会社を選定する際に選択肢が限られていて苦労したのですが、こうした認定を出す側のフレームワークを含む環境が整備されてくることでP2PE同様に普及が促進されていくことを期待しています」と高田氏は語った。

マクニカネットワークス / GMOペイメントゲートウェイ

日本のクレジットカード、オンライン不正の実態と対策
～大量の不正アカウント検出、多額のチャージバック被害を防いだ成功例～

国内のクレジットカード不正使用被害は年々増加しており、その多くが EC 加盟店で発生している。不正使用を 100％防ぐことは不可能といわれているが、だからこそ被害を最小限にとどめる手立てを講じることが重要だ。マクニカネットワークスでは、オンライン詐欺被害の実態を報告するとともに、適切なツール・方策の導入により多額のチャージバック被害を防いだ「不正防止サービス（Sift)」のさまざまな成功例を紹介。さらに、非対面の決済代行会社のリーディングカンパニーである GMO ペイメントゲートウェイからは、クレジットカード・セキュリティガイドラインに則った加盟店のセキュリティ対策について解説する。

マクニカネットワークス株式会社 第 2 営業統括部 第 2 部 第 2 課、課長代理　恒川 雅俊氏

GMO ペイメントゲートウェイ株式会社 イノベーション・パートナーズ本部
戦略事業統括部 イノベーション戦略部 プロダクトイノベーション課　松山 佳子氏

ウェブサイトを狙う攻撃は
日に日に増加、巧妙化の一途

　コロナ禍の今、オンライン消費、ネット取引がますます進んでいます。われわれのビジネスにおいて、まさに今、EC をはじめとするウェブサービスが主戦場であると言っても過言ではないでしょう。

　ウェブサービスによるビジネス展開の加速は、企業と顧客の双方にメリットをもたらしています。しかし一方で、攻撃する側にも価値をもたらしてしまっています。皆さんもテレビやネットで、個人情報漏えい、不正ログイン、不正送金、フィッシングサイトといったワードをよく耳にしていると思います。特にこのコロナ禍の外出自粛に際して、デリバリーサービスなどネットを活用した消費活動が大きな伸びを見せており、EC サイトの売上、オンライン決済の増加が見られます。その一方で、攻撃の増加、攻撃の巧妙化も進んでいます。

　具体的にはクレジットカード情報の窃取、あるいは、フィッシングサイトによる個人情報の窃取、不正アクセスなどのインシデントが過去最多となっています。

　従来のウェブセキュリティの考え方では、基本的にサーバサイドを守る対策が中心で、サーバサイドのアプリケーション、OS/ ミドルウェア、ネットワーク / ハードウェアの階層で対策を実施するものでした。

　しかし、企業のウェブを用いた活動の範囲は広がっています。それと同時に、攻撃され得る範囲も広がっています。サーバの 3 階層以外にも、ビジネス、外部のサードパーティリソース、そしてクライアントサイド、クラウドのプラットフォームにも広がっているという状況です。

　今回は、特に経営的な被害が大きいビジネス領域にフォーカスして、どういった考え方、どういった対策が有効かをご紹介します。具体的には、月額 50 万円、100 万円、200 万円となって加盟店

マクニカネットワークス株式会社 第 2 営業統括部 第 2 部 第 2 課、
課長代理 恒川雅俊氏

を悩ませているチャージバック被害を防ぐ対策について重点的にご説明いたします。

　新型コロナウイルス（COVID-19）によって国内の観光産業は深刻な影響を受けました。「GO TO トラベルキャンペーン」で復調が見えているといっても、チャージバック被害は、旅行業界に重大な被害を及ぼしています。不正利用や詐欺などによって、非常に多くのチャージバックが発生しています。トラベルやフード以外にも、日本クレジット協会が高リスク商材と定義しているものには、オンラインゲームを含むデジタルコンテンツ、家電、電子マネー、チケット予約サービスなどで不正利用が非常に増えていることが指摘されています。特に家電、航空券、チケットなど高額で換金しやすい商品を取り扱っている事業者ほど、なりすまし・不正利用が発生しやすい傾向にあります。また、電子マネーのチャージ、デジタルコンテンツ、ネットで使用可能なギフト券といった無形の商品も、比較的不正が発覚・発見しにくいことから、なりすまし不正利用のターゲットになりやすいジャンルです。

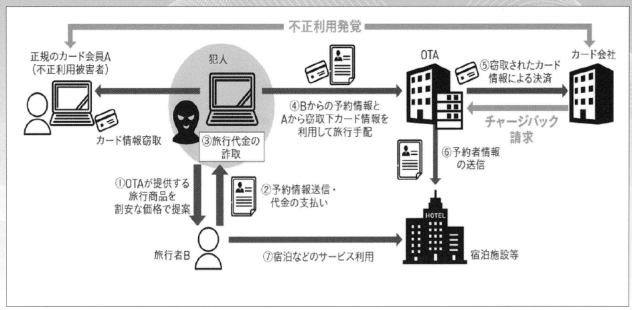

不正トラベルの手口とチャージバックの発生

増加するウェブの被害、従来型の対策だけでセキュリティを守るのは不可能

　では、EC加盟店は不正使用を防止するためにどうすれば良いのでしょうか。

　その前に、近年被害が増加しているウェブの脅威を紹介いたします。従来、オンラインサービスなどの公開サービス向けのセキュリティ対策としては、多くの企業でファイアウォールやIPS、DDoS攻撃対策などを導入されていたと思います。しかし近年は、不正ボットの攻撃やオンライン不正、ウェブスキミング、フィッシングなど、従来型のセキュリティではカバーできない領域の脅威が増加しています。

■不正ログイン

　1つずつ解説していきましょう。まず、不正ログインです。これは、個人になりすまして不正にアカウント利用を行う攻撃です。一般的に不正ログインというと、不正送金や不正売買、アカウント奪取などのイメージがありますが、それだけではなく、アカウントリストを作成してそのリストを売買するというケースもあります。

　不正ログイン自体は従来からよく知られている手口でした。例えばブルートフォースアタックやリバースブルートフォースアタックのような総当たり攻撃が一般的でした。そのため、例えば1分間に5回とか10回ログインに失敗するとロックするといった対策が有効と言われてきました。

　ところが近年は、閾値（しきいち）ベースによる不正ログイン対策を突破しようとするスローレート攻撃や分散型攻撃が出現しています。Imperva（インパーバ）社のレポートによると、攻撃の半数は従来型の総当たり攻撃ですが、残りの半数はスローレート攻撃であるという結果が出ています。

　攻撃の性質を分析した調査結果もあります。従来の攻撃は、少数の端末や送信元のIPアドレスから行われていました。それらの端末やIPアドレスを遮断すれば被害を防ぐことができました。ところが最近の洗練された攻撃では、多数の端末、多数のIPアドレスが用いられています。これらに対するスタティックな対策は大変難しくなっています。実際にスタティックな対策をしていたちごっこになったケースや、膨大なルールの管理ができなくなったケースをよく耳にします。

　従来の閾値ベース、ルールベースでは検知することができない

ので、不正利用の実態が明らかになったときにはじめて、スローレート攻撃を受けていたことがわかるというケースが多く見受けられます。

■フィッシング攻撃

　次にフィッシング攻撃についてご紹介します。これは、メールやSMSを用いて、ウェブサイト利用者を偽サイト（フィッシングサイト）に誘導し、クレジットカード情報や個人情報を窃取したり不正利用したりするものです。

　例えば、宅配業者を装った不在配達通知を受け取った経験のある方もいらっしゃると思います。SMSを使った手法をスミッシングと呼びますが、最近被害が増えているものの一つです。スマホでは、パソコンと比較して表示される情報量が少ないことや、セキュリティがパソコンほど高くないこと、短縮URLの使用にあまり抵抗がないこと、電話番号を使ってメールより簡単に送れることなど、攻撃者にとってのメリットが多いことが、件数増加に拍車をかける要因になっています。

　最近はコロナ禍で「給付金が再度支給されます」といったフィッシングサイトも登場していますので、非常に注意が必要です。

　また、従来のフィッシングサイトでは、ログインIDやパスワードといった価値が一定期間継続する情報収集を行っていました。ワンタイムパスワードのように、そのタイミングにしか価値を持たない情報をフィッシングサイトで取得することには意味がありませんでした。しかし最近、正規サイトのワンタイムパスワードを突破することを目的としてフィッシングサイトを利用するケースが見受けられるようになりました。ワンタイムパスワードを使用しているからセキュリティは万全だという時代は終わっていると思います。

■ウェブスキミング

　もう1つ、ウェブスキミングという攻撃も近年多く観測されています。ウェブサイト上のファイルを攻撃者が改ざんし、スキマーと呼ばれるスクリプトを設置します。ECサイトで商品を購入する際に入力するクレジットカード情報や個人情報を、攻撃者のドロップサーバへ秘密裡に送る窃取手法です。

　ウェブスキミングは、訪問先のウェブサイトが改ざんされている場合、利用者側がまったく気づかないまま、認証情報が攻撃者に送信されてしまいます。2018年頃から観測されるようになりましたが、2019年末には経済産業省やIPA（独立行政法人情報処理

推進機構）が注意喚起を行うなど、日本でも脅威が広がりつつあります。

さらにウェブスキミングの発展形として、サプライチェーンアタックというものがあります。これはスキマーの設置場所がサードパーティ側、つまり外部リソースにあり、スキマーの存在に気づきにくいという点ではさらに発展的な攻撃といえます。

ウェブスキミングの攻撃手法は、スキマーの存在に気がつきにくいように進化を遂げており、さまざまな隠匿手法が次々に登場しています。

ここまでいくつかの脅威についてご説明してきました。すべての攻撃の共通点は、手法が進化しているということです。中でも特にセキュリティ対策を回避しようとする工夫や活動が盛んであることは疑いようがありません。1つの手法による対策、あるいは、従来からの対策だけでは防ぐことができないということをご理解いただきたいと思います。

壁を築くだけでは売上が阻害、行動分析から未来の取引リスクを予測

進化する脅威に対して、コストを押さえつつ効率よく対応する。なおかつ、ウェブのビジネス拡大を阻害しない。この2つのバランスをとりながらセキュリティ対策を実践していくことが重要だと考えます。まさにこのコロナ禍、デジタルトランスフォーメーション時代においては、ECは最大のビジネスチャンスです。この2つをしっかり押さえることが企業の最重要課題です。

ただセキュリティにおいて忘れてはならないのは、従来からある脅威、攻撃が決してなくなったわけではないということです。例えばウェブスキミングの場合、スキマー設置のためには、クロスサイトスクリプティングや、脆弱性攻撃を行う必要があります。従来からあるセキュリティ対策を疎かにせず、その上で何ができるのかを考えていただきたいと思います。

有効な対策の1つとして、多層防御の考え方が挙げられます。ここでいう多層とは、多段や多要素認証とは違うということを頭の隅に置いておいていただきたいと思います。例えば不正ログインは、botというツールを使って行われることが多いです。人とbotによるアクセスの識別・遮断は、不正ログインに限らず、広くビジネス課題に応用が利きますので、非常に有益です。

前述したように従来の攻撃がなくなったわけではないので、サーバフロントをWAF（Web Application Firewall）で、あるいはbot専用装置で適切に守ることは非常に重要です。ただ、WAFやIPS、IDSの導入でフロントを守るだけでは、ビジネス被害、チャージバック被害を防ぎ切ることはできなくなっています。

顧客情報や金銭をなんとしても取得したい攻撃者は、従来のウェブセキュリティでは対処できないような攻撃手法を積極的に採り入れてきています。ですから1つのセキュリティ技術に頼るのではなく、複数の異なるアプローチを組み合わせて多層的な防御を行う必要があるのです。

ただ、どれほど障壁を固めたとしても、不正を完全にゼロにすることはできません。しかしチャージバック被害が経営的に問題になるほどバーストしてしまってはいけませんから、チャージバック被害をいかに極小化するかという観点で方策を立て実行することが重要だと考えます。

そこで、ユーザの行動を追跡し特定することができるソリューションが求められています。攻撃者が境界線をすり抜けてくるということをある程度想定し、その上でビジネスに甚大な被害が及ばないようにするために、ユーザがサイトにログインした後の挙動、振る舞いを追跡することが有効なのです。

その具体的なアプローチ方法を見ていきましょう。EC加盟店の管理者やウェブサイト管理者の方は今、フロント、アカウント回りでさまざまな攻撃を受けていると思います。

例えばアカウント回りですと、なりすまし型、ダークウェブ等で入手したリストを用いて認証を突破するリスト型ハッキングなどがあります。あるいはリバースブルートフォースアタックなどの力技、あの手この手で認証を突破してきています。

これに対する従来の対策として、利用者側は認証強化を図ってきました。推測されにくいパスワードの設定、二段階認証、CAPTCHA認証などによって、利用者側に対策をしていただくというアプローチです。

また管理者側は、システム制御を行ってきました。ログイン試行回数の制限をかけることで、攻撃者が認証を突破することを困難にする、長期間パスワードを変更していないユーザに対して変更を促すといったことです。このような従来のなりすまし対策の問題点を、一消費者として考えていきたいと思います。

私自身、多くのECサイトでアカウントを作っていますが、そうするとメールなどで似たような多くの通知を受け取ります。例えば、「パスワードの定期的な変更を行ってください」「英文字、数字、記号を用いて8～20文字で作ってください」「他サイトで使っているパスワードを使い回さないでください」といったものです。

たくさんの複雑なパスワードを覚えておくのは大変です。結局、買い物をしようと思っても、パスワードを思い出せないのでできない。カゴ落ちになってしまうことが多くなりました。どなたも同じような経験をしているのではないかと思います。利用者に負担

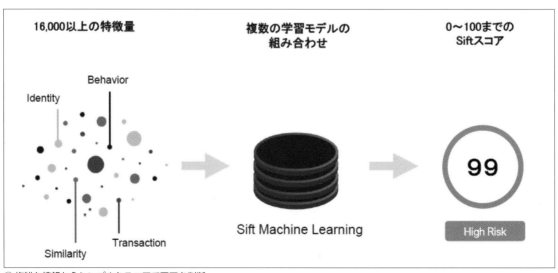

① 複雑な情報からシンプルなスコアで不正を判断

を強いるセキュリティ対策は、結局 EC 加盟店の売上の減少につながってしまうのです。

ではシステム制御で対策をとればいいのかというと、ルールベース、閾値ベースの対策というのは今や通用しません。パスワードやカード番号は、ダークウェブやフィッシングサイトで、ピンポイントで抜かれてしまっています。パスワードは 1 つのセキュリティリスク、あるいは、セキュリティホールといえます。ルールベース、閾値ベースで被害を削減できる時代ではない。むしろこれが被害を拡大させてしまっているのではないかと思います。

そこで日本クレジット協会でクレジットカード・セキュリティガイドラインを作成して、加盟店に 4 つの具体的な方策を呼び掛けています。①本人認証の 3-D セキュア、②券面認証のセキュリティコード、③過去の取引情報等に基づくリスク評価によって不正取引を判定する属性・行動分析、④不正配送先情報の蓄積によって商品等の配送を事前に停止するための配送先情報、の 4 つです。本人認証と券面認証は、認証を強めるというアプローチです。セキュリティファーストという意味では効果があると思いますが、やはり利用者側に認証の負担を強いるという意味では売上低下の懸念があり、二の足を踏んでいるお客様が多いのではないかと思います。

従来の対策手法では、ユーザの離脱や、認証・監視の突破が、加盟店の課題になっています。そこで、属性・行動分析や配送先情報の活用によって、不正取引のリスク評価をするという対策が求められています。

EC サイトで取得できるアクセス時間、端末、ページ遷移、地理情報、入力値などの情報を分析することによって、ユーザ特徴を明らかにすることができます。しかしここで課題になるのは、ユーザ特徴は日々変化し、定義が難しいということです。そのた

め、適切なツール選びが重要になってきます。ユーザの特徴をリアルタイムに、かつ、精度高く把握できる対策、それがオンライン不正利用をリアルタイムに検知する Sift という機械学習プラットフォームです。

au コマース＆ライフ、Relux などで成果

Sift は世界で 3 万 4,000 以上のウェブサイトやアプリですでに活用されています。Shopify、Twitter、LinkedIn などグローバルブランドで活用されていますので、1 カ月当たり 600 億件のイベントが Sift の GCP の環境に流れ込んでいます。圧倒的な量のデータを機械学習により分析することによって、圧倒的な不正検知精度を誇っています。

Sift はわかりやすくスコア、つまり点数で、不正かどうかの分析結果をお客様に返します。そのバックエンドでは 1 万 6,000 のシグナルをとらえてスコアを導き出しています。1 万 6,000 のポイントを Sift が自動的に見て、3 万 4,000 のグローバルネットワークにかけて、その結果をわかりやすいスコアのかたちでお客様に返します。スコアはリアルタイムに返ってきます。ワークフローにも実装できますので、人手を介さずに注文を受け入れるかストップかを判断・実行することが可能です。

導入事例を紹介します。Traveloka では 3-D セキュアと Sift を並行利用することによって、ユーザインターフェース（UI）、ユーザエクスペリエンス（UX）を損なうことなく不正を 3 分の 1 に減少し、売上を 2 倍に引き上げました。

au コマース＆ライフでは、チャージバックを 93％削減し、かつ、

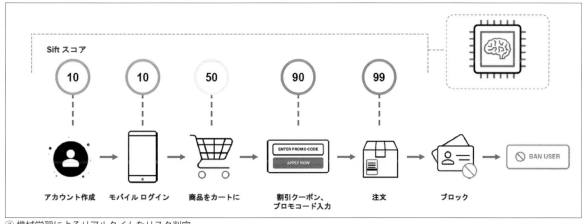

② 機械学習によるリアルタイムなリスク判定

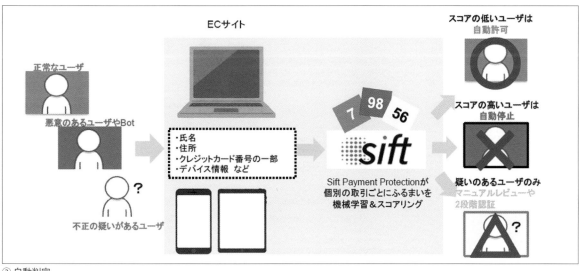

③ 自動判定

GMO ペイメントゲートウェイ株式会社 イノベーション・
パートナーズ本部 戦略事業統括部 イノベーション戦略部
プロダクトイノベーション課　松山佳子氏

マニュアルによるレビュー時間を 75% 削減しています。同社はセキュリティコードを既に導入していましたが、一時的に月間 300 万円のチャージバック被害に遭い、UI/UX を考えて追加の 3-D セキュアの導入を見送り、Sift の導入を決めました。これによりチャージバック被害を 10 分の 1 に抑え、ワークフローの自動化で残業時間の削減も実現することができました。

宿泊予約サイトの Relux（リラックス）では 60% のチャージバック削減を実現していますが、さらに被害の予兆となる不正アカウントを数百件発見することに成功しました。正規の利用者からの誤判定によるクレームはゼロだということです。

従来のセキュリティ対策ではカバーしきれないくらいウェブドメインへの攻撃は巧妙になっています。汎用型のソリューションも引き続き必要とされますが、加えて、特化型のソリューションが求められています。UI/UX を損なわず、売上を阻害しないソリューションとして期待されているのが、バックヤードで動く属性・行動分析の機械学習プラットフォーム、Sift です。ビジネスの成長とチャージバック被害の低減の 2 つを同時に実現できるソリューションであると確信しております。

この後は Sift を広く安価に日本のお客様に提供するためにパートナーシップを結んでいる GMO ペイメントゲートウェイの松山さんよりお話しいただきます。

※本記事は 2020 年 11 月 13 日に開催された「ペイメントカード・セキュリティフォーラム 2020」のマクニカネットワークス株式会社 第 2 営業統括部 第 2 部 第 2 課、課長代理 恒川雅俊氏の講演をベースに加筆 / 修正を加え、紹介しています。

加盟店様向けの新たな 不正対策ツールとして Sift を選定

GMO ペイメントゲートウェイより、クレジットカード決済の不正利用対策についてお話しさせていただきます。

弊社は 1995 年 3 月から、東京・渋谷にて、総合的な決済関連サービスおよび金融関連サービス、俗に言う PSP（Payment Service Provider：決済サービスプロバイダー）の仕事をしている会社です。マルチな決済手段を一括導入できる決済プラットフォームを提供しており、世の中にある決済手段のほぼすべてを網羅しています。EC で使われている決済手段は依然クレジットカードが最も多く、以前はこれに加えてコンビニ決済、代引決済をラインナップしていればほぼユーザの要望を満たすことができました。しかし近年は電子マネーや QR 決済などが登場してきて、エンドユーザの決済手段への要望は多様化しています。

いろいろな決済手段をそれぞれ導入するのは加盟店の負担がかなり大きいと思いますので、弊社が間に入ることで、加盟店と弊社の 1 本のご契約で多様な決済手段をご提供しています。稼働実績では、契約店舗数が 14 万 1,573 店舗、決済処理件数で 24.9 億件、流通金額で 5.8 兆円（GMO ペイメントゲートウェイ連結企業群 2020 年 9 月末現在）となっています。

不正利用対策には、加盟店からの要望ももちろんですが、決済会社様からのご要望もあり、関係各社様と協力しながら取り組んでまいりました。世の中にはさまざまな不正利用対策がありますが、弊社でも様々なツールを比較検討した結果、Sift を新たな不正対策ツールとして加盟店様へご提案していくことを決定いたしました。

実行計画に対応した様々な不正使用対策をご提供

本人認証
3Dセキュア
インターネット上でクレジットカード番号・有効期限以外に 各クレジットカード会社から発行されたインターネット専用の ID・パスワードをお客様が入力し、クレジットカード決済を行う仕組みです。なりすまし防止対策等に寄与します。

券面認証
セキュリティコード
クレジットカード番号とは別に、カード裏面に印字されている 末尾3桁（AMEXの場合は表面の4桁）の数字を入力してもらうことで、本人認証を行うサービスです。カードが手元にあるかないか、確認が可能です。

属性行動分析
Sift
不正防止サービス（Sift）
機械学習を活用した不正取引防止サービス「Sift」をPGマルチペイメントサービスのオプションサービスとしてご提供。
従来手動で行っていた不正ルールのチューニングを機械学習が担うことで、コスト・運用負荷を抑え、不審な取引を見分けることが可能です。

配送先住所
不正住所検知サービス
カード会社が保有する「不正使用送付先リスト」に購入者情報等を照会することで、不正先がどうか見分ける際の 参考情報の1つにすることが可能です。

保険
チャージバック補償団体保険
不正利用が起きてしまった時の損害を補償するサービスです。
チャージバックが発生した場合、クレジットカード会社から支払われない売上金を補償できます。

連続注文対策
大量アタック遮断サービス
検知ロジックを設定することで、繰り返し実行されるオーソリリクエストを遮断するサービスです。本サービスを利用することにより、不正な大量アタックの被害を予防することができます。

etc...

GMO-PG が提供する主な不正使用対策ソリューション

ではまずこれまでの経緯を振り返って、カードセキュリティ対策の強化の背景と法改正について説明させていただきます。

ECの普及によって日本でもクレジットカード決済の取引が増加しています。件数の増加と同時に不正も増えるということで、日本のクレジットカード取引の水準を、国際水準まで引き上げなければいけないという要請があがっています。

法律的なところでは、割賦販売法の改正がありました。実務の指針としては、クレジット取引セキュリティ対策協議会が、クレジットカード・セキュリティガイドラインを公表しています。

改正割賦販売法とクレジットカード・セキュリティガイドラインの目指すところは同じです。時系列で言いますと、2018年6月に改正割賦販売法が施行されました。改正された内容を実行するための指針として、2019年まで実行計画というものがありました。実行計画が実現したあと、これからもこの指針を皆で守っていきましょうという意味で、"計画"から"ガイドライン"に名称を変えて今に至るのがクレジットカード・セキュリティガイドラインであると私たちは理解しています。

割賦販売法の改正の内容は、大きく3つあります。①クレジットカード情報の適切な管理等、②加盟店の管理の強化、③フィンテック（FinTech）のさらなる参入を見据えた環境整備です。加盟店に大きくかかわる部分は①と②です。①は、加盟店に対する、クレジットカード情報の管理に関する指導の義務付け。②は、加盟店に対しクレジットカード情報を取り扱うことを認める契約を締結する事業者について、登録制度を創設するとともに、当該加盟店への調査を義務付けるというもの。ECサイトを運営されていると、時折弊社のようなPSPから「この商材は何ですか」「このサイトの表記を変えてください」といった指摘が入ることがあると思います。こういった連絡がなぜくるようになったかというと、割賦販売法が改正されたために管理が強化されたからです。

ガイドライン上のセキュリティ対策と実際の施策との関係について説明いたします。ガイドラインの柱は大きく3つあると考えています。

1つ目がカード情報の漏えい対策。カード情報を盗ませないようにしようということです。この具体的な対応策としては、カード情報の非保持化、あるいは、PCI DSS準拠です。実際には2018年に非保持化対応の期限を終えております。

2つ目が偽造カードによる不正使用対策。偽造カードを使わせないということです。これは対面決済に適用される内容で、対応策はクレジットカードのIC化対応です。今までは磁気カード対応が多かったと思いますが、ガイドラインに沿ってIC化対応が進みました。2020年3月が対応期限でしたので、業界としてはすでに対応が済んでいると理解しております。

3つ目が、ECにおける不正使用対策。ネットでなりすましをさせないということです。今後求められる対応であり、多面的・重層的なアプローチが必要になります。対応策としては、本人認証（パスワード）、券面認証（セキュリティコード）、属性・行動分析、配送先情報があります。

属性・行動分析に基づく
Siftの不正防止サービスを推す

不正使用対策として具体的に何をすればいいのかというお話をさせていただきます。

先ほど申し上げましたように対策には本人認証（パスワード）、券面認証（セキュリティコード）、属性・行動分析、配送先情報がありますが、1つ入れればいいということではなく、多面的・重層的な対応が求められるとガイドラインには書かれています。

では実際にECサイトで何をすればいいかということですが、取り扱う商材や不正の実態によって状況は異なってきます。

前提としてすべてのEC加盟店には、カード取引に対する善管注意義務の履行と、オーソリゼーション処理が求められています。その上で、高リスク商材を取り扱っている加盟店には、不正利用対策4方策のうち1方策以上が求められます。高リスク商材とは、家電、チケット、デジタルコンテンツ、電子マネー、宿泊予約など、特に換金性が高いものが該当します。

また、不正顕在化加盟店には、不正利用対策4方策のうち2方策以上が求められます。不正顕在化加盟店とは、カード会社（アクワイアラ）各社が把握している不正利用金額が3カ月連続して50万円を超えている加盟店のことです。

ガイドラインに沿って方策を導入しても、被害が減少しない場合もあり得ます。そういった場合には、カード会社や弊社のようなPSPから加盟店に、追加の方策検討を継続的に求めることになります。それに対応できない場合には、加盟店資格を剥奪されるという可能性もあります。

弊社が提供する不正使用対策ソリューションは多岐にわたっています。ガイドラインに記された不正利用対策4方策に該当するもののほかにも、保険や連続注文対策といったラインナップもございます。

多様化する手口に対抗できること、また、加盟店の売上を阻害しないことを重要視していますので、中でも特に属性・行動分析に基づくSiftの不正防止サービスを推させていただいております。ハコを提供するだけでは不十分だと考えておりますので、弊社営業担当、各決済事業者様、ベンダー様などとの連携をとりながら総合的な不正対策ソリューションを提供させていただいております。

不正使用対策に終わりはありません。随時状況を見直し、アップデートしていく体制が重要だと考えています。本日のセミナーが、日頃の対策の見直しのきっかけになれば幸いです。ご清聴ありがとうございました。

※本記事は2020年11月13日に開催された「ペイメントカード・セキュリティフォーラム2020」のGMOペイメントゲートウェイ株式会社 イノベーション・パートナーズ本部 戦略事業統括部 イノベーション戦略部 プロダクトイノベーション課　松山佳子氏の講演をベースに加筆/修正を加え、紹介しています。

クレジットカード不正対策ソリューション「ASUKA」のご紹介とチャージバック対策の本質について

近年のカード不正利用の急増に伴い、チャージバックの増加はカード加盟店や加盟店管理義務が課せられたアクワイアラにとって喫緊の課題となっている。従来型の不正検知システムとはまったく異なるコンセプトによって開発された不正検知・認証システム「ASUKA（アスカ）」は、後発ながら国内外含めさまざまな業種の加盟店で効果を上げ、導入が進んでいる。

株式会社アクル 代表取締役 CEO　近藤 修氏（こんどう おさむ）

「ASUKA」開発の基礎となった不正対策の本質をとらえる3つのポイント

今回は、当社の不正対策ソリューション「ASUKA」のご紹介と、最近は不正検知システムを導入される加盟店が増えていますが、本質的にどういった対策を目指すべきなのかということについてご紹介したいと思います。

アクルという会社をご存じない方もたくさんいらっしゃると思いますので、アクルについてまず簡単にご説明します。

事業内容としてクレジットカード不正対策各種と記しておりますが、基本的には非対面のチャージバック対策ツール、ソリューションを提供している会社です。世の中からチャージバックがなくなったらお役御免になるのではないかという、非常にニッチなビジネスを展開しています。とはいえ昨今は日本国内でもチャージバックが増加し、その対策を迫られるシーンが増えてきていますので、それにフォーカスしたサービスを提供しているということです。

提供しているサービスの考え方は非常にシンプルです。まず、不正利用者を減らしましょうというところで、不正検知サービス。「ASUKA」はここに位置付けられます。

また、設立当初から提供しているサービスとして、チャージバック保証サービスがあります。これはいわゆる保険のようなものです。チャージバック被害に遭ったとき、これを補填するサービスです。ただ不正が急増している昨今、すべての被害を補填することは難しくなってきており、不正を未然に防いで被害を減らす不正検知サービスにより力を入れているというのが現状です。

弊社のメンバーのほとんどは決済会社の出身です。人員規模としては 10 名ほどですが、決済と不正を日々研究してきた精鋭部隊で業務に当たっております。

ではまず、本質的な不正対策にたどり着くためのポイントはどこにあるのかを見ていきたいと思います。このポイントが、「ASUKA」を開発する上での非常に重要なエッセンスになっています。

ポイントは大きく3つあります。世の中の不正検知システムの大枠は、次のようなものだと考えています。受注情報を吸い上げて、スコアリング（リスク計算）を行い、その結果を○△×といった3段階評価で管理画面に返します。カード加盟店はこれをもとに、売上承認や物販であれば配送の可否を最終的に判断する——。日本国内に流通している、外資系、国内系の不正検知システムのほ

株式会社アクル 代表取締役 CEO 近藤修氏

とんどがこのかたちです。

しかし皆さん、これを見て何か気になる点はないでしょうか。不正検知システムというからには、不正を検知してくれるものだと思いますよね。ところがこのかたちでは、カード加盟店の管理者が最終判断をせざるを得ないのです。

一般的な不正検知システムというのは、仮説に基づいて"勝手"に計算して"勝手"に"結果"を返しているだけなのです。つまるところ、正解ではなく、ヒントを与えてくれる"箱"にすぎないのです。

例えば×という結果を出すには、過去のチャージバックデータにヒットしたなどいろいろな裏付けがあるのだとは思います。しかしブラックデータにはいわゆる賞味期限がありますから、それがすべてではありません。

そう考えると、結局はカード加盟店に判断が委ねられているというのが、一般的な不正検知システムの本質なのです。この実態を、しっかり理解して受け入れていただきたいと思います。同時に、疑問を持っていただきたいのです。これが 1 つ目のポイントです。

2 つ目のポイントは、不正利用者は止められないということです。現在問題になっている不正は、誰か悪い人、1 人が、仕掛けているというものではありません。集団が、生業としてアタックをかけてきているのです。そういう集団は、対策をしても、どんどん乗り越えてきます。

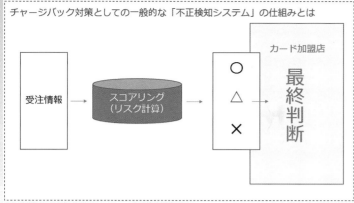

チャージバック対策としての一般的な「不正検知システム」の仕組みとは

受注情報 → スコアリング（リスク計算） → ○ △ × カード加盟店 最終判断

一般的な不正検知システムのフロー

このような状況の中で、不正利用者を止められるという前提に立って対策を立てると何が起きるかというと、疲れてしまいます。単純に手数を増やして、モグラたたきのような状態で不正を止め続けていると、疲弊してしまうのです。あるいは、止める方向を間違えて、真正ユーザーを巻き込んでしまうこともあります。そのようにいろいろな弊害が出てきます。

ですからここでのポイントは、矛盾しているようですが、不正利用者を止めようとしないということです。

3つ目のポイントは、大局的な観点で対策運用を行うということです。直近で大変な不正が起きて大きな被害実損を受けた加盟店が、何かしなければいけないと考えて、とにかく被害実損を減らすために3-Dセキュアを導入しました。今まではコンバージョンの問題などがあって導入するつもりはなかったのだけれど、さすがに被害金額が大きいので入れることにした、というのです。その真意は何かというと、3-Dセキュアを導入することによって、チャージバックの債務責任がカード会社に移転するからです。つまり損害を、カード会社が負担してくれるのです。

このような近視眼的な考えで対策をとっている加盟店は非常に多いのですが、実際のところ3-Dセキュアを入れても裏では不正は起こり続けているわけです。それでいいのかということです。3-Dセキュアを入れているのになぜか不正顕在化加盟店に指定されたというような加盟店の声が、弊社にも届いています。

3-Dセキュアの牽制効果を否定するわけではありませんが、その裏で不正は起きています。それにはいろいろ理由があります。パスコードがフィッシングなどによって漏れている。あるいは、完全認証と任意認証というものがありますが、パスコードのない任意認証はスキップして決済できるので不正抑制効果が低いということもあります。

加盟店の近視眼的な対策を放置していると何が起きるかというと、そのような加盟店は不正利用者のターゲットになります。3-Dセキュアを導入したからそれ以上何もしないという加盟店は、結局不正利用者から狙われます。

不正検知システムについても同様です。不正検知のヒントを与える箱を導入しただけでは本質的な不正対策にはなりません。

重要なのは、そうした大局的な観点を教えてくれる適切な伴走者をつけるということです。箱だけでなく、適切なアドバイスをしてくれる伴走者を持つということが、本質的な解決策につながるのです。

不正をたたき続けるのではなく
不正利用者が自ら退散する仕組みを構築

では次に、不正検知・認証システム「ASUKA」について説明いたします。「ASUKA」はこの分野では後発のソリューションです。導入事例はトラベル、ECなど多数ありますが、物販などに関しては

2020年に入ってから導入されたところがとても多いです。

「ASUKA」というサービスがどういうものかを理解していただくために、開発の背景をお話しさせていただくのがよいと思います。

2017年は非対面の不正利用が前年の倍近くに増え、チャージバックが急増した年でした。特に旅行系の加盟店の炎上が目立ち、弊社も多くの相談を受けました。当時弊社は「ASUKA」を取り扱っておらず、チャージバック保証サービスを提供していました。トラベル系の加盟店では億単位のチャージバックが発生していましたが、億単位を保証でカバーするのは無理な話です。弊社では当時サードパーティの不正検知システムの紹介をしていましたので、「不正検知システムを導入していただけたら保証を提供します」という座組みの営業を開始しました。それが2017年の3月です。ですがなかなか実績には結び付きませんでした。

その理由について、いろいろなご意見をいただきました。初期費用を100万円、200万円払うのは無理だとか。一般的に不正検知システムの料金体系は従量課金ですが、利益率の低い旅行系の加盟店にはその負担が大き過ぎるとか。また、一般的な不正検知システムはAPIでの接続開発です。不正検知システムを求めている加盟店は炎上していることが多く、すぐにも対策を始めたいのです。ところがAPIの接続開発は時間も費用もかかります。数カ月の期間と数百万円の費用がかかるのでは無理だということになります。一方、月々の被害額がせいぜい10万〜20万円という加盟店は、数百万円の初期費用を投じることに二の足を踏むのです。

コストに加え、導入のネックになっていたのがスピードでした。物販の加盟店ではオーソリゼーションと売上承認の2段階で決済を完了するのが通常だと思いますが、旅行系の加盟店の場合は即時決済が一般的です。即時決済では、オーソリゼーションの与信チェックと売上承認が同時に走るので、決済、サービス提供のスピードが速くなります。不正検知のスピードが、それについていけなかったのです。

不正検知システムに入っていただけないと、保証サービスを提供できないという中で、われわれのビジネスは行き詰まり、袋小路に入ってしまいました。そんなとき、ある中堅のOTA加盟店の取締役の方と話していたとき、「それだけ課題を認識しているなら、アクルで作ってくれないか」と言われました。それが「ASUKA」開発のきっかけになりました。

つまり「ASUKA」は、それまでの不正検知システムがかかえていた、費用、接続の工程、スピードなど諸々の課題を解消することを目指して作ったシステムなのです。そうすれば多くのお客様に使っていただけるのではないかと考えました。

当時、巷にあったシステムは、最終的に加盟店の確認が必要だったり、API接続だったり、従量課金だったり、どれも同じでオルタナティブ（代替品）がなかったのです。そのオルタナティブになったのが「ASUKA」です。2018年12月に「ASUKA for TRAVEL」をリリースし、2019年頃からは物販のお客様からの問い合わせが増えてきたので、2020年に「ASUKA for Ecommerce」をリリースしました。

例えばある大手のOTA加盟店では、かなり不正が多かったのですが、「ASUKA」導入から約3カ月でほぼゼロになりました。このような実績が評価されて、主にクチコミで評判が広がり、導入が進んでいる状況です。

「ASUKA」は、旅行や物販の申込サイトにJavaスクリプトを埋め込むだけで利用できる、非常にシンプルな仕組みになっています。開発がまったく必要ないというわけではありませんが、API接続と比較して非常にライトにスタートできる仕組みです。5日でスタートしたという例もあります。

「ASUKA」も、受注情報を吸い上げて、リスク計算をして、3段階の結果を返すという大枠においては従来のシステムと同じです。申込の入力フォームの情報を吸い上げるわけですが、注文確定のボタンを押したときにリアルタイムにスコアリングの計算を行います。オーソリゼーションに飛ばす前です。そして結果を返すのですが、それだけではありません。

ユーザーが確定ボタンを押して、リスク計算で○だった場合は、そのままオーソリゼーションにトークンが飛びます。×の場合、過去のチャージバックのデータとヒットすると、オーソリには飛びません。モーダルウィンドウに、ほかの決済手段をお選びくださいといったメッセージを表示して、シャットアウトしてしまいます。

「ASUKA」の特徴は、結果が△のときにあります。なりすましかもしれないし、本人かもしれないという、グレーゾーンの取引の場合です。この場合まず、ご利用のカードブランドをお選びくださいという、簡単なモーダルが出てきます。ここは選択が合っていても合っていなくても先に進みます。このあとに、ある本人しか知りえないだろう項目をお選びくださいという簡単な5択のクイズを出すのです。ここで間違うと先に進めない構造になっています。

これに何の意味があるかということですが、簡単な認証ツールの役目を果たしています。不正利用者はこういった仕組みを嫌がります。

不正利用者は、先ほども申し上げたように、集団で生業として不正を働いています。この集団は闇サイトからカード番号を購入しています。例えばアメリカのクレジットカードは、16桁のカード番号とセキュリティコードと有効期限がセットで2〜3ドルで売買されています。それを大量に仕入れてアタックをかけるのです。彼らにしてみれば粗利がとれればいいわけです。2ドルでカード番号を仕入れて、100ドルのものを不正に手に入れて転売し、98ドルの粗利をとれればそれでいいのです。それが御社のサイトでなければならないという理由は1つもありません。効率良く利益を得るために分業化したりもしているので、工程が多いことを非常に嫌がります。ここで答えを選べなくてタイムアウトになっているケースも非常に多いです。

もちろんこれで不正を100％防げるわけではありませんが、効果が上がることは確かです。泥棒が侵入しようとしたときに家の灯りがぱっとついたら嫌ですよね。ほかの家に行こうと思いますよね。それと同じ考え方です。従来型の不正検知システムでは、泥棒が家の中に入ってきて物音がしたとき、その物音が泥棒なのか自分の家族なのかを家主自身がチェックしなければなりません。それは大変ではありませんかという話です。泥棒自ら出て行っても

らったほうがいいわけです。

従来型の不正検知システムは、管理画面に返ってきた画面を見ながら、ずっとモグラたたきをし続けているようなものです。「ASUKA」は、モグラ自身にどこかに行ってもらおうという考え方です。これが、「不正利用を止めようとしない」というところにつながっているのです。

今までの不正検知システムは、不正利用者に脅威を与えないし、管理者にはただ3段階の結果を返すだけでその後の判断は任せるという丸投げ方式です。「ASUKA」はそこから生じる支障を解消したシンプルなシステムになっています。

敵を可視化し大局的な見地でチューニング 充実のフォローアップ体制

従来型システムと「ASUKA」の違いをまとめておきたいと思います。ランニング費用については、従来型が従量課金であるのに対し、「ASUKA」では基本的に月額の固定金額になります。

システム接続については、従来型はAPI接続が主流であるのに対し、「ASUKA」はJavaスクリプトをフロントエンドに実装するだけのシンプルな仕組みです。これによって1週間ほどでスタートすることも可能になっています。それから真正利用者の巻き込み、False Positiveというものが、従来型のシステムでは発生しがちです。なぜなら最終的に担当者が判断しているからです。「ASUKA」では真正利用者であれば難なく認証ツールを突破して先に進めますので、売上ロスを最小限にとどめることができます。「ASUKA」は従来型システムの課題を、シンプルな考え方で解決したシステムになっています。

さらに「ASUKA」の最大の特徴といえるのが、フォローアップ体制です。冒頭に、従来型の不正検知システムは単にヒントを与えてくれる箱だと申し上げました。ヒントだけ提供されても、使える仕組みにはなりません。どれほどスペックの高い不正検知システムを導入しても、使いこなせなければ何の意味もありません。ところが実際は、使いこなせていない加盟店がかなりあると見ています。

「ASUKA」を導入していただくと、最初の1カ月間ぐらい、われわれがモニタリングをさせていただきます。どういう敵が来ているかを可視化し、把握して、それに合わせてチューニングをしていきます。

昨今は不正の見分け方が難しくなってきています。目検チェックで不正を見抜くのは困難です。ただ、その奥まで見ていくと、例えばIPアドレスは中国なのにカードの発行国がアルゼンチンであるとか、日本人を装っているけれどもブラウザの言語は中国語だとか、何かおかしいということがわかってきます。そういった要素を整理して、どういう敵が来ているのかを把握して、チューニングをかける。ここが非常に重要だと考えています。

アクルはチャージバック保証サービスを提供していますが、これを通じて毎週チャージバックのデータが収集されており、これらもすべて「ASUKA」に反映しています。他社では管理画面で管理者が自由にチューニングを行えるというシステムもありますが、「ASUKA」では基本的にチューニングはわれわれに任せていただいています。

「ASUKA」の管理画面は非常にシンプルです。履歴が見られるのと、ブラックデータを登録できる機能がありますが、閾値（しきいち）を設

「ASUKA」サービスフロー

定できる機能などは設けていません。それは、使いこなせていない加盟店をたくさん見てきたからです。加盟店の判断で閾値を細かく設定しても、近視眼的な運用になっていることがほとんどです。自店のことだけでなく、世の中の流れが見えていなければ、的確な閾値を設定することはできませんので、すべてわれわれにお任せくださいというスタンスで運用させていただいております。

導入のタイミングでチューニングをかけたものがデフォルトとなり、その後は必要に応じてチューニングを変えることも可能です。

そのほかの特徴としては、例えば3-Dセキュアとの連携も可能です。「ASUKA」で△の評価になったものを3-Dセキュアで認証をかけるといった使い方をしている加盟店もいらっしゃいます。

「ASUKA」は後発ですがユーザーが増えてきています。不正検知システムはこの10年ぐらい、基本的な部分は何も変わってこなかったと思います。われわれは、不正検知のパラダイムを変えたいという思いを「ASUKA」に込めています。ご興味のある方はご連絡ください。ご清聴ありがとうございました。

※本記事は2020年11月13日に開催された「ペイメントカード・セキュリティフォーラム2020」の株式会社アクル 代表取締役CEO 近藤修氏の講演をベースに加筆/修正を加え、紹介しています。

企業概要

Akuru

株式会社アクル

106-0032
東京都港区六本木一丁目9番9号
六本木ファーストビル14階
URL:https://akuru-inc.com/
E-mail：info@akuru-inc.com

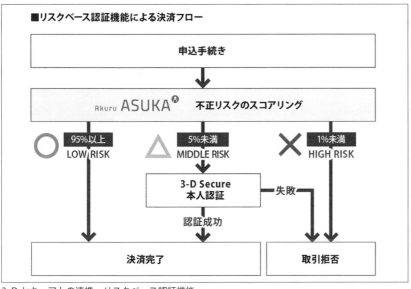

3-Dセキュアとの連携 – リスクベース認証機能

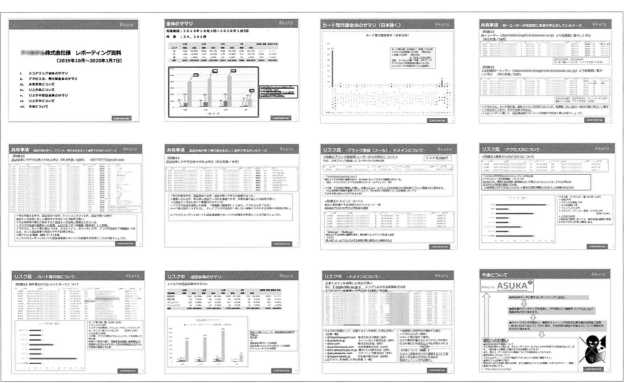

ASUKAフィードバックレポート参考事例

ジグザグ

「WorldShopping BIZ」で海外ユーザーのECでの買い物を支援 特許取得のスキームで不正決済を防止、EC事業者の金銭被害を解消

ジグザグでは越境EC支援サービス「WorldShopping BIZ」を提供。多言語対応や海外のポピュラーな決済手段の導入などによって、海外ユーザーのECでの買い物をサポートする一方、特許を取得した"セキュア・ペイメント"機能により不正決済を検知し、成果を上げている。同社の取り組みについて話を聞いた。

ネットショップの越境EC化を総合的に支援 海外ユーザーと国内EC事業者の課題を解決

ジグザグでは、越境EC支援サービス「WorldShopping BIZ」を展開している。国内のECサイトにアクセスした海外ユーザーは、購入商品を選び、カートに入れた後、WorldShoppingのドメインに遷移。母国語で購入フォームに情報を入力し、国際ブランドのクレジットカードや、中国の「Alipay」、ID決済サービス「PayPal」、Amazonの「Amazon Pay」など、使い慣れた決済手段で支払いを済ませる。WorldShoppingはEC事業者から商品を受け取り、国内倉庫から海外ユーザーに発送。海外ユーザーからの問い合わせにも、WorldShoppingが365日対応する。

経済産業省は越境ECの世界の市場規模を9,123億USドル（約96兆7,781億円）と推計し、これが2027年には4兆8,561億USドル（約515兆1,569億円）になると予測している。国内EC事業者にとっても、越境ECへの対応は必須の課題だ。

実際、国内ECサイトへの海外からのアクセスは増加している。サイトにはビジュアル情報なども多いので、「商品を選ぶところまでは、言語の違いはそれほど高い垣根ではありません」（ジグザグ代表取締役 仲里一義氏）。しかし海外ユーザーがいざ購入に進もうとするとハードルとして立ちはだかるのが、日本語特有の購入フォームのカナ入力だ。それ以前に海外発送に対応していないECサイトも少なくない。多くのECサイトで、多大な販売機会損失が発生しているのだ。とはいえEC事業者にしてみれば、海外対応のためにオペレーションを組み直し、運用体制を整えるのは負担が大きい。こういった海外ユーザーと国内EC事業者、双方の悩みを解決するのが「WorldShopping BIZ」というわけだ。

海外発行のクレジットカード不正が顕在化 不正決済の発見・防止で成果

「WorldShopping BIZ」は現在、三越伊勢丹オンラインストア、PARCOオンラインストア、BEAMSなどの百貨店、専門店、約900のECサイトに導入されている。

海外からアクセスした際のバナー表示イメージ（事例画面：ELLE SHOP）

ジグザグ 代表取締役 仲里一義氏

越境ECで注意しなければならないのが、不正決済の防止だ。近年、海外発行のクレジットカードを使った不正利用が顕在化している。また、海外から、私書箱、転送サービス、空き家などを利用した不正決済を行う事例も増えている。「WorldShopping BIZ」では特許を取得した独自の不正決済防止機能"セキュア・ペイメント"を「WorldShopping BIZ」の付帯機能として2018年から無償提供。2020年10月末までに累計で2,116件、2020年1月〜10月の期間では1,271件、約7,400万円相当の不正決済を検知し、防止することに成功した。

多角的な情報を活用して不正防止 StripeやPayPalのスコアリングも活用

「WorldShopping BIZ」では、海外からアクセスするユーザーが国内ECサイトの決済画面に遷移せず、WorldShoppingの専用カートで受け付ける仕組みを提供し、不正カード利用決済を判別、排除するため、国内EC事業者側に海外からの不正決済リスクは発生しない。WorldShopping側では自動識別されるアクセス元のIPアドレスやブラウザ言語、グローバルな支払い手段として海外の不正傾向を把握しているStripeやPayPalのスコアリング判定基準、配送先住所、商品カテゴリーなど多角的な情報を用いて、総合的に判断する。また、人手で行う工程もある。その結果、チャージバックが発生するのは月平均0.1%程度と低い水準で、ほぼ一定している。「不正をゼロにすることはできませんが、極力抑えながら、EC事業者の売上を最大化するよう努めています。万が一不正があったときにリスクを負うのは我々なのでEC事業者に金銭被害は生じません」（仲里氏）。目指しているのはあくまでEC事業者の利益拡大。仲里氏は「国際ブランドが提供する『3-Dセキュア』は導入していません。コンバージョンが落ちては元も子もありませんから」と説明する。

実績を積み重ねるごとに蓄積される、どの商品がどの国から見られているか、どんな人に買われているかといったマーケティングデータをダッシュボードとして提供するサービスも開始している。今後の展開として仲里氏は「世界中のユーザーへ日本のモノを安全に届けるというコンセプトを実現するために、現在約900の導入サイトを万単位に拡大するのが当面の目標です」と意気込みを見せた。

クレジットカード不正使用検知システムにAIを活用
人手のルール設定の負荷を軽減し、被害額が顕著に減少

クレディセゾンは、クレジットカード不正使用検知へのAI活用を行っており、不正使用の減少などにつなげている。導入から約2年が経過した2020年7-9月には、カード不正使用被害額が業界全体の平均値よりもかなり低い前年比49.8%を記録。機械学習が進んだことなどが要因と見られ、同社ではAI活用の効果に手応えを感じている。

年々増加する不正への対抗策として
AIの導入が必須と判断

クレディセゾンでは2018年10月、イシュア事業のクレジットカード不正使用検知において、AIの活用を開始した。PKSHA Technology（パークシャテクノロジー：以下、PKSHA）が提供する金融機関向けAIエンジン「PREDICO（プレディコ）for Financial Intelligence」を、同社が従来から活用しているインテリジェント ウェイブの不正使用検知システム「ACEPlus（エースプラス）」に合わせてカスタマイズし、導入した。

クレディセゾンは2017年7月から、PKSHAと連携してカードホルダー向けの自動応答チャットサービスを開始している。この取り組みを通してPKSHAのAI技術の信頼性を確認していることから、不正使用検知においてもPKSHAからの技術提供を受けることを決めたという。

開発やモニタリングスタッフの負荷軽減
トランザクションごとにリアルタイムスコア

それまでのクレジットカード不正使用検知においては、ルール開発スタッフとモニタリングスタッフが、人手によって不正の傾向をつかみ、ルール設定を行っていた。しかし年々不正の手口は多様化・巧妙化、短サイクル化し、件数も増加。新しい手口が出現するたびに書き加えられたルールは何千本という単位に及ぶ。しかも対応にはスピードが求められ、「人手に頼るだけでは間に合わないという状況が発生していました」とクレディセゾン 信用企画部担当部長 増澤氏は説明する。

そこで、ルール開発スタッフおよびモニタリングスタッフの業務を補完するために、AIを導入。また、トランザクションごとにリアルタイムでスコアを付けることによって、取引の不正判断をしやすくした。

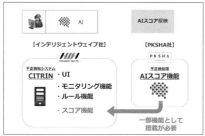

AI本格導入におけるハードル

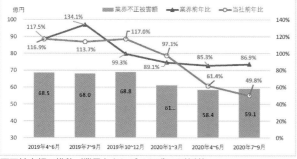

不正被害額の推移（業界とクレディセゾンの比較）
出典：日本クレジット協会

学習結果をスピーディに反映し
不正被害額が大きく減少

2018年10月の導入から約2年半。ここへきてAI活用の効果はますます顕著になってきているという。

導入から約1年を経た2019年9月ごろまでは、不正被害額は増えないまでもほぼ横ばいで推移していたものが、同年10月以降、明らかな減少傾向に転じた。2020年1月以降は、さらに大きな下降線をたどって、被害額が減少している。

日本クレジット協会が公表しているクレジットカード業界全体の不正被害額の推移を見ると、2020年1-9月はコロナの影響で業界全体の不正使用額が減少傾向にあるが、「当社の減少幅はそれ以上に大きくなっています。これはAI活用の効果が現れた結果と考えています」（増澤氏）。被害額の前年比は、2020年4-6月が業界全体で85.3%であるのに対し同社は61.4%、同年7-9月は業界全体で86.9%であるのに対し同社は49.8%であった。

効果を上げた要因は、AIの機械学習そのものの成果と併せて、同社が行ったチューニングにあると考えられる。同社では2020年1月に、機械学習のスコアリング結果が反映されるまでの期間を短縮する変更を行った。

AI活用は費用対効果も高く、活用の価値が大きいと同社では評価している。

不正使用検知に加え与信にも活用を検討

近年、ICカード化によって、オフライン取引における偽造カード被害は減少。代わって増加しているのが、オンライン取引におけるクレジットカード番号盗用被害である。

日本クレジット協会が発表している調査結果によると、コロナ禍の2020年1-9月のクレジットカード番号盗用による不正被害額は156億5,000万円。このうち国内被害額が112億8,000万円、海外被害額が43億7,000万円。コロナが明けると海外からの不正アタックはまたこれ以上に増える可能性もある。これをいかに防御するかが、今後の大きな課題だ。

クレディセゾンでは、これらのアタックに対して、効果が確認された AI 活用をますます進めていきたい考えだ。今後は与信や限度額のコントロールにもAI活用を広げることを検討していきたいとしている。

クレディセゾン　信用企画部担当部長　増澤氏

一般社団法人キャッシュレス推進協議会

「コード決済における不正な銀行口座紐づけの防止対策に関するガイドライン」を策定
業界を挙げて継続的なコード決済のセキュリティ強化に取り組む

産学官が連携し、業界横断でキャッシュレスの普及促進に取り組む組織として設立された一般社団法人キャッシュレス推進協議会は、スマートフォンアプリなどにおいてバーコードやQRコードを用いる「コード決済サービス」に関し想定される不正利用事案のうち、銀行などの金融機関口座の不正な紐付けによる利用への対策について記した「コード決済における不正な銀行口座紐づけの防止対策に関するガイドライン」を策定し、2020年9月18日に公表した。同ガイドライン策定の経緯について、事務局長の福田好郎氏に話を聞いた。

一部事業者の事件前から検討着手

約370の企業や団体等が加盟するキャッシュレス推進協議会では、金融庁や経済産業省などの関係省庁、有識者等との相互連携を図りつつ、さまざまな活動を通じて、早期にキャッシュレス社会を実現することを目的としている。

同協議会では、コード決済の普及・促進にも力を入れており、2019年4月には不正なクレジットカードの紐付けによる利用を防ぐため、「コード決済における不正流出したクレジットカード番号等の不正利用防止対策に関するガイドライン」を策定した。その後、銀行口座の紐付け時においても同様の不正利用が起こりうると認識し、2020年3月からガイドライン策定に向けた検討を進めていた。その途中に一部事業者での事件があったが、当初からガイドラインを世に出す動きをしていたという。

ガイドラインで対策を紹介

国内のコード決済サービスでは、銀行等の口座を紐づけることによって、その口座の残高からチャージしたり、口座から直接決済するサービスが多い。福田氏は「コード決済サービスのアカウントと銀行口座を紐づける際のセキュリティ要件は、コード決済事業者側のセキュリティ態勢だけでなく、銀行側のセキュリティ態勢やサービスにも影響を受けます。まずはコード決済事業者が自らのガイドラインを策定し、自分たちの襟を正したうえで銀行側と対話する動きになりました」と説明する。気運の醸成は検討開始前からあり、検討メンバーからは銀行口座からの不正出金の可能性や、銀行によりセキュリティ対策に強弱があることを懸念する声もあった。

同ガイドラインでは、不正な口座紐づけを防ぐための対策をコー

一般社団法人キャッシュレス推進協議会
事務局長　福田好郎氏

ド決済事業者、金融機関の双方において講ずることが最も重要な対策の1つであると説明している。また、不正利用の防止はコード決済サービスのアカウント作成から決済時までのプロセス全体を通して実現されるものとした。さらに、不正対策のモニタリングや銀行とのやり取りを含め、不正検知をした場合の対応体制の整備などの重要性も挙げている。

業界としての対応が必要

コード決済のセキュリティ対策は、「各社実施していたとは思いますが、サービスが進展する中でセキュリティと利便性のどこに線引きをするかで悩まれているところもありました。特にN対Nの関係になってくること、銀行口座を資金源として活用している立場から生じる交渉の難しさはあると思いますし、特定の事業者だけではなく、業界全体としての対応が必要であると思います」と福田氏は話す。

本人確認の在り方も検討へ

当初は、協議会としてガイドラインを公表し、その後に銀行との連携に向けた調整を進めていく予定だったが、一部事業者の事件をきっかけに、一般社団法人全国銀行協会、一般社団法人日本資金決済業協会のそれぞれが口座連携のガイドラインを発表したため、今後は各業界団体の定めるガイドラインを踏まえながらさらなるセキュリティの向上に努めてもらいたいとしている。同協議会は業界横断的な取り組みを推進する役割を担っている部分もあり、連携可能な点については協力していく。例えば、「チェックリストがあると同じ目線で対話できる」と福田氏は話す。また、昨今の不正利用事案を受け「『eKYC』という言葉が独り歩きしている感があるため、決済サービスにおける本人確認のあり方を業界として整理することも検討しています」とした。

キャッシュレスの利活用に着手

コード決済サービスは注目の分野であり、成長途上であるため、ひとつの事件が業界全体のレピュテーション・リスクへと発展する可能性がある。不正対策はもちろん重要だが、協議会では今後、市場のセキュリティ基盤をさらに底上げするような取り組みに注力していく方針だ。福田氏は「キャッシュレスの普及は、キャッシュレス・ポイント還元事業などを通じて一定の成果を得ています。今後は、少子高齢化が進む我が国において重要な社会全体の効率化に対し、どのようにキャッシュレスを活用して頂くのか考えていかなければいけません。「JPQR」(統一コード決済仕様)によるQRコードの統一化やセキュリティガイドラインの策定などを行ってきましたが、現在の26.8%のキャッシュレス決済比率をあと5年で40%にするためには、消費者やお店の方に、如何に安心して利用していただけるのかを検討する必要があります。キャッシュレスは生活の中の一部であるという考えのもと、引き続き取り組んでいきます」と語ってくれた。コロナ禍の中、キャッシュレスの重要性はさらに高まっており、キャッシュレス・ポイント還元事業後の利用状況も堅調に推移しているため、その動きを加速させていきたいとした。

日本は世界で最もマネーロンダリングがしやすい国──？
悪質な犯罪を防ぐため官民一体の本気の取り組みが求められる

年間不正送金額30億円、クレジットカード不正利用額236億円──。IDおよびパスワード盗難による被害拡大が止まらない。危機感が薄いためか、情報セキュリティ対策が徹底せず、日本は世界の中でも最もマネーロンダリングがしやすい国という悪評が定着している。しかしキャッシュレス化を進めるためにも、セキュリティ対策の推進は不可欠。しかも早急に取り組む必要がある。不正検知システム「FraudAlert」を提供するカウリスでは、銀行や証券、クレジットカード会社などの金融機関をはじめとするさまざまな企業で、口座開設やログイン時の不正アクセス情報をデータベース化し、業界を越えて共有。不正利用防止に効果を上げている。巧妙化する不正利用の実態や、セキュリティ対策のポイントについて、代表取締役の島津敦好氏に聞いた。

IDおよびパスワード盗難の被害は
年間1,000億円にも及んでいる

マネーロンダリングやテロ資金供与対策における国際協力・協調を推進する政府間機関、FATF（Financial Action Task Force：ファトフ）による第4次対日相互審査が、2019年秋に実施された。2008年の第3次対日相互審査において、日本の金融機関は先進国の中で最低クラスの「要改善」の判定を受けた。第4次審査の結果公表は新型コロナの影響で延期され、2021年4月頃の予定であるが、審査の直前にセブン・ペイの不正アクセス事件があり、審査結果を待つ間にNTTドコモの口座不正利用事件が起きた日本に、セキュリティの改善が見られるという評価が下される可能性は低いとされる。不正検知システムを提供するカウリス代表取締役の島津敦好氏は「日本はセキュリティや、マネーロンダリングの観点からリスクが高い国家と世界中から見られることのないよう、日本政府も金融機関もセキュリティ対策に本腰を入れ始めましたね」と現在の状況を概観する。

不正利用の入り口となるのは、IDやパスワードの盗難。オンライン上に出回っているメールアドレスやパスワードをチェックできるサイト「Have I Been Pwned」には、102億件にも及ぶメールアドレス、パスワードが登録されている。DropboxやEvernoteなどIDやパスワードを記録しておくメモアプリも盗まれており、これらを利用した"なりすまし"による不正アクセスが頻繁に行われている現状がある。

日本国内では、2019年に金融機関で起きた"なりすまし"による不正送金は約30億円、クレジットカードの不正利用は236億円に上る。「そのほかに集計データとして把握されていないQRコード決済事業者や仮想通貨取引所で発生している被害が約700億円あるともいわれており、これを合わせると、IDおよびパスワードの盗難によって、年間1,000億円以上の被害が発生していると考えられます」（島津氏）

端末情報を照合して相違があれば追加認証

カウリスの不正検知システムでは、ユーザーがPCやスマホから入力したIDやパスワードと、端末情報を照合。そのユーザーが

銀行間でのトンネル口座検知事例

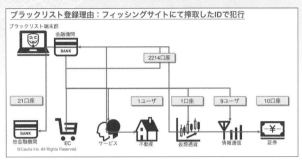

ブラックリスト共有事例（2019/1～11まで）

過去のアクセス時に使用した端末との間に相違があれば、追加認証を求める仕組みだ。フィッシングや口座転売サイトなどが横行している昨今、入会時に本人確認をとっていても、ユーザーがどこで入れ替わっているかわからない。不審な点が見つかったとき、そうでなくても少なくとも年に1度は本人確認を行うべきと島津氏は指摘する。

マネーロンダリング口座に多いのは、住所は日本国内でありながら、ログイン時のIPアドレスが国外のもので、ブラウザ言語も外国語といったパターン。また、同じ名義で多数の口座を開設し、盗んだお金を還流させているケースも多く見られる。

最近では、クレジットカード会社などのホームページから盗み取った個人情報と、攻撃者の顔写真とを組み合わせて架空名義の口座を作る手口が増えている。中には同じ顔写真で70名義の口座を作っていた例もあるという。これには電力会社の設備情報を活用して、不正利用を検出する取り組みを行っている。

不正情報を共有し企業横断、
省庁横断で取り組みを推進

同社の不正検知システムを導入している顧客は銀行、クレジットカード会社、証券会社など計20数社。ログイン件数は合計で月間1億5,000万件。AIの機械学習により、不正検知の精度は日々向上している。同社ではログインに使われた端末の情報をデータベース化し、危険な端末情報をブラックリストに登録。このブラックリストを顧客間で共有することによって、不正防止の相乗効果を上げている。疑義はあるが情報不足で判断がつかないという場合にも、他社で不正を行った端末だということがわかれば迷いなく取引停止の判断を下すことができる。2019～2020年では平均すると年に千数百件のトンネル口座を特定し、凍結した実績があるという。

また同社は、関係省庁である金融庁や経済産業省にも情報を提供し、各種ガイドラインの改正などを求めている。キャッシュレス化推進のためにも、不正防止策の強化が不可欠。スピーディに効果に結び付けるには「企業横断、さらには省庁横断の取り組みが必要です」（島津氏）。官民一体の本気の取り組みが、早急に求められている。

大日本印刷／NTTデータ

イシュアおよび加盟店向けEMV 3-Dセキュア対応ソリューション 販売機会ロスを極力抑えながら 取引の安全性を確保

ペイメントの国際ブランドで構成するEMVCoは、3-Dセキュアのバージョン2となるEMV 3-D Secureの活用を推進している。全取引に対して追加認証を要求するバージョン1は、いわゆる"カゴ落ち"リスクが増大し売り上げ減につながるとの危惧から加盟店での導入が進まなかったが、バージョン2では高リスクの取引にのみ追加認証を要求するリスクベース認証を採用。販売機会ロスを最小限にとどめながら、決済の安全性を最大限に確保する仕組みとした。大日本印刷は「EMV 3-D Secure_ACSサービス」、NTTデータは「CAFIS 3DS Connector」などを提供し、イシュアおよび加盟店のEMV 3DS活用をサポートしている。

3Dセキュアの仕様を大きく変更 高リスクの取引にのみ追加認証を要求

クレジットカード国際ブランドで構成するEMVCoは、2016年10月、3-Dセキュアのバージョン2となるEMV 3-D Secureの仕様を策定・開示した。最初の仕様は、2016年10月24日に、「Protocol and Core Functions Specification Ver2.0.0」として発行された。この1年後、2017年10月に、SDK（Software Development Kit：ソフトウェア開発キット）仕様が公開されている。

オンライン取引の安全性を高める3-Dセキュアの活用が始まったのは、2000年初頭。しかし、すべての取引に対して静的パスワードや動的パスワードなどの追加認証を求めるバージョン1は、決済手続きの煩雑化による購入の途中離脱、いわゆる"カゴ落ち"を多数発生させ、売り上げ減につながるとの懸念から、導入をためらう加盟店が多く、広範な普及には至らなかった。

バージョン2となるEMV 3-D Secureでは、"カゴ落ち"リスクを極力回避するために、危険性の高い取引のみに動的パスワードもしくは生体認証による追加認証を求めるリスクベース認証を採用した。販売機会ロスを最小限にとどめながら、最大限の安全性を確保することを目指している。

取引の危険度は、イシュア側が設置するACS（アクセス・コントロール・サーバ）が判断する。危険性を感知するために用いられるのは、購入商品、金額、クレジットカード番号、シッピング（送り先）といった取引情報のほか、アクセス元のデバイスやブラウザ情報など。ACSは、加盟店が取得・保持している各種情報を受け取り、また、自らブラウザ接続によりカードホルダーに直接アクセスしてデバイス情報などを取得する。それら多様な情報を活用して総合的に取引の信頼性を検証することによって、追加認証が必要となるケースを平均5%程度にとどめることができるといわれている。

3-Dセキュアのバージョン1はVisa、Mastercard、JCB、アメックスの4ブランドに対応していたが、EMV 3-D SecureはDinersと銀聯を加えた計6ブランドに対応。またバージョン1はブラウザベースの認証のみをサポートしていたが、EMV 3-D Secureでは合わせてアプリに組み込むSDKの仕様を策定しており、加盟店のモバイルアプリ上での本人確認もサポートできるようになった。

イシュア、加盟店、エンドユーザーであるカードホルダーのいずれにとってもメリットが大きいEMV 3-D Secureは、今後普及が拡大すると期待されており、国内でもこれに対応するイシュアおよび加盟店向けソリューションが登場してきている。

高精度のリスクベース認証機能を誇る 大日本印刷の「EMV 3-D Secure_ACSサービス」

大日本印刷（以下、DNP）では2008年から3-Dセキュア バージョン1に対応するACSを提供してきた。2017年にはバージョン2となるEMV 3-D Secure対応において、JCB系列の日本カードネットワーク（以下、CARDNET）との協業を決定。2020年4月よりイシュア向けに「EMV 3-D Secure_ACSサービス」の提供を開始し、同月にいち早くJCBがこのサービスを導入した。

「EMV 3-D Secure_ACSサービス」では、スレットメトリックスのリスクベース認証エンジンを採用。大日本印刷 情報イノベーション事業部 ＰＦサービスセンター デジタルトラストプラットフォーム本部 西野嘉浩氏は「グローバルな経験が豊富で、もともと精度が高かった上に、機械学習を含め日々進化を続けているリスクベース認証エンジンです」と不正検知の精度に自信を見せる。

コンソーシアム機能を独自機能で提供 複合的なセキュリティ支援を実施

さらにDNP独自のサービスとして、コンソーシアム機能を、オプションとして提供。これは、リスクベース認証において得られた、不正に利用された機器情報を、クレジットカード会社間で共同利用するというものだ。過去の被害情報を照合することで、自社への不正なアタックを初回からブロックすることが可能になる。2019年10月に三菱UFJニコス、JCB、エポスカードが導入したのを皮切りに、多くのイシュアで採用されている。

また「EMV 3-D Secure_ACSサービス」では、フリクションレスな顧客体験を重視するのか、あくまで厳しく不正を排除するのかといった考え方によって、追加認証要求の基準をどこに置くかのポリシーを、各イシュアが自由に設定することができる。

左から大日本印刷 情報イノベーション事業部 PF サービスセンター
デジタルトラストプラットフォーム本部 リーダー 市川郁太郎氏、
同本部 西野嘉浩氏

「DNP には幅広いセキュリティ関連ソリューションのラインナップがあり、それぞれのユーザーに合わせて最適な商材を組み合わせて提案する体制を整えています」（同社 情報イノベーション事業部 PF サービスセンター デジタルトラストプラットフォーム本部 リーダー 市川郁太郎氏）。新しいサービスである「EMV 3-D Secure_ACS サービス」に関しては、イシュアの要望、希望を聞き、積極的に採り入れながら、より価値の高いサービスに進化させていきたいとしている。

DNP と CARDNET は共同出資により、2017 年 10 月に J&D 有限責任事業組合（LLP）を設立。サービスのシステム開発と運用を LLP が行い、イシュアとの営業窓口を DNP と CARDNET が担う体制によって、カードホルダーの利便性向上と、市場へのサービス浸透を図っている。国内の大手イシュア向けのサービスは進んでいるが、導入を検討している地方の金融機関などへの営業も強化している。

加盟店の EMV 3-D Secure 対応負荷を軽減する NTTデータの「CAFIS 3DS Connector」

NTT データでは 3-D セキュア対応として、早くからカード会社や銀行などイシュアへの ACS の導入を進めてきたが、これに加えて、2020 年 8 月から、加盟店向けのソリューションとして「CAFIS 3DS Connector」の提供を開始した。

3-D セキュアは、カードホルダーの本人認証を行うイシュア・ドメイン、加盟店の認証を行うアクワイアラ・ドメイン、イシュア・ドメインとアクワイアラ・ドメインの相互認証を実施する相互運用ドメインの 3 つのドメインが、それぞれに必要なコンポーネントを装備してメッセージを交換し合うことによって運用されている。バージョン 1 からバージョン 2 への移行にあたっては、コンポーネントの仕様が一新され、新旧コンポーネント間には互換性がない。

例えば加盟店側のアクワイアラ・ドメインに必要なコンポーネントは、バージョン 1 では MPI（マーチャント・プラグイン）と呼ばれるものだったが、EMV 3-D Secure では 3DS サーバとして定義されている。名称からマーチャントという語句が外れたことからもわかる通り、クレジットカード決済に特化したプロトコルから、非決済取引における本人確認にも対応できるようサポート範囲が拡大されている。

導入のメリットが大きい EMV 3-D Secure であるが、加盟店がこれを運用するには、単にコンポーネントを入れ替えるだけでは済まず、常に 3-DS サーバを監視・制御することが必要だ。NTT データ IT サービス・ペイメント事業本部 カード＆ペイメント事業部 プラットフォーム統括部ペイメントインフラ担当 課長代理 園田猛氏は「この業務負荷は、バージョン 1 における MPI の管理よりはるかに大きい。『CAFIS 3DS Connector』はこの負担を軽減

するためのソリューションです」と説明する。

3DS Connector は、3DS サーバのコンポーネントを実装し、EMV 3DS のメッセージ交換処理を行うが、EMV 3DS で仕様化されている 3DS サーバを直接、加盟店、決済代行会社には開放しない構成としている。3DS サーバを加盟店、決済代行会社が、直接、初期設定（セッティング）し制御（コントロール）するのには、それ相当に EMV 仕様と国際ブランド独自仕様を理解する必要があり、3DS サーバの実装とシステム監視、運用を行うにはハードルが高いと考えているからだ。

3DS サーバをコントロールするには、加盟店、決済代行会社の間には大きく以下のようなアクセスポイントが必要になる。
① メッセージ交換の方法を知り、適切なメッセージバージョンで 3DS サーバを運転すること。（バージョニング）
② 認証リクエストに応じるイシュア・ACS が、3DS メソッド処理が実施できるかどうか判断すること
⇒ 3DS メソッド処理が可能な ACS へ認証要求する場合には、該当の ACS に対し、3DS メソッド処理を要求し、その結果（メソッド処理の完了）を 3DS サーバに返却する
③ イシュア・ACS へ認証要求（AReq）を 3DS サーバに対して実施し、フリクションレスの結果（ARes）を受信すること。
④ イシュア・ACS のチャレンジ認証要求（追加認証）に対し、実施の可否を判断し、実施の場合には、イシュア・ACS へチャレンジ認証要求（CReq）の処理を実施し、処理を完了（ファイナル CRes）すること。
⇒ チャレンジ認証の結果を 3DS サーバから取得し（RReq）、処理の完了を確認すること。

3DS Connector では、EMV 3DS メッセージプロトコルを、加盟店、決済代行会社からは隠蔽し、両者は、カードホルダのキャッシュアウト時に一度、3DS Connector に対し、認証リクエストを行い、その結果を受け取る "シングルインタフェース" とした接続インタフェース API としている。そのため、両者は、EMV 3DS のメッセージコントロールの制御を、3DS サーバを介して行う必要が無いため、実装に伴う要件調整負荷が低減でき、自社システムの改修コストも極小化し、システム監視・運用における複雑な対応（障害切り分け調査等）を行う必要もなくなるという。

「CAFIS 3DS Connector」では、シドニーに本社を置き海外でも多くの実績がある GPayments 社と連携し、3DS サーバなどの同社のプロダクトやリソースを活用することで、短期間でのシステム構築を可能としている。日本国内の動向・ニーズに応じた機能の追加も順次行っていく予定だ。

「日本国内実績として 3DS1.0 の販売を黎明期（れいめいき）から取り組まれており、他の 3DS Server ベンダーと比較し、拠点となる日本支社も設置され、当社の 3DS Connector 開発にも、開発の当初から技術メンバーをアサイン頂き、支援いただけることが背景になります」（NTT データ IT サービス・ペイメント事業本部 カード＆ペイメント事業部 プラットフォーム統括部ペイメントインフラ担当 課長代理 川村哲也氏）

「CAFIS 3DS Connector」は、NTT ドコモと、NTT データグループの決済代行サービス会社であるペイジェントが、すでに導入済み。同サービスの提供では、日本語提供など、国内に向けた保守・サポート体制を構築していることも大きい。川村氏は「現行の 3-D セキュアの浸透状況は決して高いものでは無く、当社の非対面決済サービスをご利用いただけている加盟店様で、全体加盟店の 2~3 割程度ですが、EMV 3DS に関しては、多くの加盟店様、決済代行会社様が導入意思を明確化しており、ここ 1~2 年で導入が進み、当社の試算では全体の 5 割程度の事業者様まで、ご利用が拡大するのではないかと考えています。また、昨今のコロナ禍の影響から、非接触を前提としたライフスタイルの変化・定着、ビジ

ネスモデルが進み、今年度実績においても、非対面決済のトランザクションは増加傾向が顕著であります。その増加に合わせクレジットカードの不正使用も増加することが考えられるため、加盟店様、決済代行会社様の EMV 3DS への関心は高く、それほど時間を要さずに今後浸透していくものと考えています」と予測する。初期段階では、EC 非対面のクレジットカード決済における不正使用の防止という観点で、3DS1.0 からの切替え、未導入だった加盟店や決済代行会社への導入が目先のアクションになると考えているが、「この EMV 3-D Secure の仕様が、ペイメントの本人確認に限定されていないことから、中長期的には、ペイメントによらなさまざまな本人確認にグローバルで発展していくことを見据えています」とした。同社にはエクスペリアンのリスクベース認証エンジン「FraudNet」を活用して、2014 年から「CAFIS Brain」を提供してきた実績がある。その中で蓄積してきた、ネガティブリストなども含めた独自の知見を、システムと併せて提供していきたいという。

■ 3-D セキュアを構成するコンポーネントを NTT データが解説

これまでのアクワイアラドメインでは、MPI（Merchant Plug In）と呼ばれるコンポーネントの実装が必要でしたが、EMV 3DS では、"3DS サーバ" として定義されています。3-D Secure Ver1.0 では、加盟店における非対面のペイメントを前提としていましたが、EMV 3DS では、ペイメントによらない本人確認を行うメッセージプロトコルとしても策定されているため、名称からも加盟店という呼称は無くなっています。インタオペラビリティドメインに属する、国際ブランドの DS、イシュアドメインに属する ACS は、これまでと呼び名は変わりませんが、3-D Secure Ver1.0 とは全く異なる仕様として定義されています。

加盟店（3DS サーバ）がイシュアに対し本人確認要求を行う点では、3-D　Secure Ver1.0 と変わりませんが、イシュアが行う認証方式は、大きく変わっています。3-D　Secure Ver1.0 では、カードホルダが事前にイシュアへ登録したス

タティックパスワードを用いて認証するのが基本的な仕様となっていましたが、EMV　3DS では、2 ファクターオーセンティケーションが基本となっています。最初の本人確認の手段は、リスクベース認証になります。

加盟店からは、イシュアのリスクベース認証を行うにあたり、さまざまなデータ項目を送信するメッセージ仕様となっており、3-D Secure Ver1.0 でも、加盟店名・ID、加盟店の国コード、加盟店の URL、カード番号、有効期限、金額、通貨コード等がイシュアに渡されていましたが、このような基本的な取引情報に加えて、加盟店が取得したカードホルダのデバイス情報、具体的には、以下のようなものとなります。

・ブラウザアクセプトヘッダー
・ブラウザ IP アドレス
・ブラウザー言語
・ブラウザースクリーンカラーパレットの Bit 値
・画面の高さ、幅（ピクセル値）
・ブラウザタイムゾーン
・ブラウザユーザエージェント
・加盟店が保有している情報

これら加盟店からの情報をイシュア・ACS が取得し、リスクベース認証を行いますが、イシュア・ACS が独自にカードホルダのブラウザから、デバイス情報を取得することも可能です。（3DS メソッド処理と呼ばれています。）このイシュア・ACS がカードホルダブラウザから直接的にデバイス情報を取得する方法は、イシュア・ACS 側の個別機能として EMV 3DS では仕様に規定はされていません。また、EMV 3DS ではリカーリングもメッセージハンドリングできる仕様になっています。通常は、カードホルダがチェックアウト時に本人確認を加盟店が要求しますが、定期の際には、加盟店が本人確認を行いたいタイミングで本人確認できます。これは、3DS Requestor Initiated (3RI) Authentications、Merchant Initiated Authentication（加盟店が開始する認証）と呼ばれています。

RSA セキュリティ

3-D セキュア 2.x 対応のソリューション発売、JCB の「J/Secure 2.0」に対応

RSA Security Japan は、2020 年 11 月 24 日、クレジットカード発行会社（イシュア）向けに、リスクベースの認証を組み込んだ 3-D セキュア 2.x 対応のソリューション「RSA Adaptive Authentication for eCommerce」の最新版を発売すると発表した。ジェーシービー（JCB）の本人認証サービス「J/Secure 2.0」に対応し、J/Secure 認定製品となっている。

アジア圏で JCB ブランド対応の要求が高まりに対応

「RSA Adaptive Authentication for eCommerce」は、EMV 3-D セキュア 2.x に対応した ACS（Access Control Server）として機能し、クレジットカード決済のプロセスにリスクベース認証機能を提供している。これまで、同社の ACS サービスは、Visa の Verified by VISA、Mastercard の SecureCode Identity Check、、American Express の American Express SafeKey はサポートしていたが、昨今、特に日本を含めたアジア圏で JCB ブランド対応の要求が高まり、J/Secure 2.0 に対応したそうだ。

RSA Adaptive Authentication for eCommerce は、不正検知率が高く、低いチャレンジ率（不正であるリスクが高いと判定された購買者に追加の認証を課す割合）を実現するという。それにより、カード発行会社と決済事業者は、追加の認証の適用をおよそ 5% に留めることができるとしている。

RSA では、3-D セキュアのソリューションを以前からグローバルで提供しており、リスクベース認証については 2008 年から対応していた。他社との差別化として、1 つめは、リスクスコア、ルールベースをハイブリッドで組み合わせていること、2 つめは、リスクベース認証での動きとして機械学習機能のエンジンを持っていること、3 つめは、グローバルな不正情報を RSA を介してお客様間で共有できる RSA eFRAUDNETWORK（RSA イーフロウドネットワーク）があり、顧客企業が遭っていない不正パターンにも対応できるメリットがあるとしている。

すでに ACS サービスとして、グローバルで 40 社の実績がある。RSA のリスクベース認証は、e コマースやオンラインバンキングといった業態のログインや送金チェックなどでも使われており、そこで入手した不正パターン、不正情報も参考にしているそうだ。国内では後発となるが、イシュアへの導入を勧めている。

リスクベースの認証のイメージ（RSA Security Japan）

KONAインターナショナル

日本初「FIDO2」対応の指紋認証ICカードの発行を開始
パスワードを使わず漏えいリスクを低減、ログインをよりセキュアに

韓国に本拠地を置くフィンテック企業、KONAインターナショナルは、国際規格FIDO2に準拠したパスワードレス認証機能を搭載したIDカード「FIDO2カード」を開発、2021年4月以降、日本国内で本格的に供給を開始する。パスワードを使わず指紋認証により本人確認を行い、指紋データはサーバに置かずカード内に格納することで、ID情報が盗み取られる危険性を回避。コロナ禍によるテレワークの広がりなどによって、外部から社内システムにアクセスするシーンが急増する中、セキュアなログイン環境を保つ手段として、社員証などとしての利用のニーズが見込まれる。将来的には決済機能ともリンクさせ、汎用性の高いカードに育てていきたい考えだ。

パスワードレス認証のFIDO2に準拠し
利便性と安全性を同時に実現

コロナ禍でテレワークが増えたことによって、社内システムへの外部からのアクセスが急増。これまで想定してこなかった事態に、各企業は新たなセキュリティ対策の構築に迫られている。

韓国に本拠地を置きICカード開発などを行うフィンテック企業、KONAインターナショナルでは、よりセキュアなログイン環境を提供するために、FIDO Alliance（ファイドアライアンス）が定めたWeb認証仕様、FIDO2に準拠した「FIDO2カード」の発行を開始する。

FIDO Allianceは高速なオンラインID認証（Fast IDentity Online）方法の確立を目指すグローバルな非営利団体で、パスワードレス認証を推奨、標準化している。KONAインターナショナル日本事務所 カントリーマネージャー 笹井幸一郎氏は、「『FIDO2カード』はパスワードを使わず指紋認証により本人確認を行い、指紋データはサーバに置かずカード内に格納することで高いセキュリティを保ちます」と話す。

利用方法は次の通り。ユーザーは事前に公開鍵とカード内に格納された秘密鍵のペアリングを済ませておく。利用時に、ユーザーはパソコンに接続したリーダにカードを挿入、指紋認証により本人確認を行い、送付されたチャレンジコードとカード内の秘密鍵を使って署名を作成。サーバ側では公開鍵を用いて署名を検証し、ログインを許可する。

ユーザーをパスワードから解放
各種サービスにSSOでアクセス

ハッキング侵害の8割がパスワードに起因するといわれることから、パスワードを使わないことは強力なセキュリティ対策となる。同時にユーザーをパスワード管理から解放し、利便性を向上させることができる。

NFC))) USB

パスワードレス認証機能を搭載したIDカード「FIDO2カード」

KONAインターナショナル 日本事務所
カントリーマネージャー 笹井幸一郎氏

いったんFIDO2でログインすると、IDaaS（アイダース：Identity as a Service）を通じて各種サービスにSSO（シングルサインオン）でアクセスすることができる。KONAは、2020年12月にマイクロソフトが提供するクラウドプラットフォーム、Microsoft Azure（アジュール）のオフィシャルセキュリティキーベンダーの認定を受けており、「FIDO2カード」はAzureの環境下での使用が可能。Azureはマイクロソフトが運営するIDaaSであり、Azure Active Directoryで認証された後、各種サービスに連携することができる。

4月から本格的に導入を開始
当初はIDカードとしての利用を促進

KONAはFIDO2認証をカードの形態で提供している。カードのメリットとして同社は、直接インターネットにつながらないので強固なセキュリティを実現できること、可搬性に優れていること、Type-AのNFCに対応していること、スマホと異なりバッテリーの問題がないことなどを挙げている。

例えば社員証として従業員全員に配布する場合、コスト、セキュリティ、持ち運びのしやすさの面から、スマホやUSBではなくカードにしたいというニーズは依然として高い。「カード媒体は、企業での利用との相性が良いと考えています」（KONAインターナショナル 日本事務所 カントリーマネージャー 笹井幸一郎氏）。

「FIDO2カード」はまず、すでにリーダライタを導入済みの地方自治体や大手企業の従業員のIDカードとしての導入を見込んでいるが、将来的には中小企業や、BtoCでの利用も視野に入れる。「国内で多く使われているリーダライタとのマッチングはすでにひと通りテスト済みです。リーダライタは低価格化が進んでおり、これから導入するという場合でもコスト面のハードルはさほど高くないと思われます」（笹井氏）。さらに、「BtoCでは、モバイルバンキングへのログインなどの利用から導入が進んでいくと想定しています。本人認証ができるということは、当然ペイメントにもつながっていくでしょう」（笹井氏）。

4月以降、本格的な供給を開始する予定だが、その後、機能の拡充も図っていく。

Mastercard

最新の国際的な不正利用、セキュリティ対策の動向について

不正利用は国際的に見てどういった傾向にあるのか。また、それに対してどういった対応がとられているのか——。海外事情に詳しい Mastercard の丸山氏が、グローバルな観点からとらえた不正利用のトレンドと、それに対する国際ブランドとしての対応策について、詳しく解説する。

Mastercard　Director　Cyber & Intelligence Solutions (C&I)　丸山秀幸氏

急増した新規利用者に対応しきれず
オンラインの利用阻害が続発

Mastercard でセキュリティサービスを担当しております丸山と申します。これまでにも何回か、ペイメントナビのセミナーで国際的な不正のトレンドとセキュリティ対策についてお話をさせていただいておりますが、今回は特にここ数カ月の新しい傾向についてお伝えできればと思っております。

まずはじめに、Fraud Attack Index という、不正の動向をホワイトペーパーで出しているところが発信している情報から、最近のトピックスをお伝えします。Mastercard 内でも共有しておりますが、なかなか面白い資料だと思います。ご興味のある方はインターネットで検索していただければ、ダウンロードすることができます。

コロナ禍で企業の VPN がパンクした話は、新聞やネットニュースでも取り上げられていました。不正利用の動向として Fraud

Mastercard　Director　Cyber & Intelligence Solutions (C&I)　丸山秀幸氏

Attack Index の冒頭にハイライトとして取り上げられていたのも、新規のオンライン利用者の増加にともなう真正阻害の増加ということでした。Netflix などの動画配信サービスをはじめとして、新規利用者が 2019 年の 1 〜 6 月と比較して 2020 年の 1 〜 6 月では 5 倍に増えました。一方でこれを受ける側はそこまで準備が間に合わず、セキュリティ対策がどんどん機能してしまうので、新規ユーザーは既存ユーザーに比べて 5 〜 7 倍の利用阻害が起きていたということです。

利用が増えた業種として、宅配・デリバリーを中心とした飲食が 93％、食品が 119％、家具・雑貨が 172％増加しています。巣ごもり消費をせざるを得なくなったこの時期に断捨離をする人が増えたということも聞きますが、家の中で過ごす時間が増えたのでそのために必要なものの購入が増えたということのようです。

またこの時期、オンラインで購入し店舗でピックアップする、購買形態（BOPIS: Buy Online Pickup In Store）での不正が 55％増えました。例えば、国内でもマクドナルドなどはスマホで注文して決済も済ませ、店舗で受け取るということが可能です。

不正犯というのは真剣にお金を稼ぐ、商売にするためにやっていますので、スマホで注文でき店舗で受け取ればいいという、足のつきにくい購買形態に目をつ

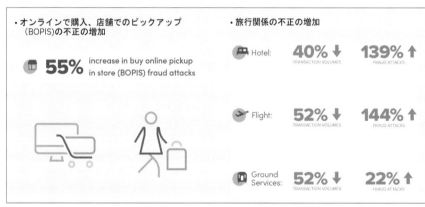

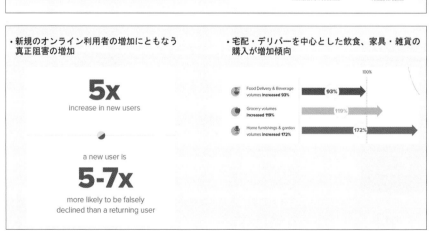

最新の国際的な不正の動向

けたのだと思います。IP アドレスや自宅の住所を使わずにできる不正が増えているということです。国内でも多少話題になっていますが、グローバルで見ても顕著な増加を見せています。

また、増えているのが旅行関係の不正です。ホテル（宿泊）、フライト（航空券）、グランドサービス（現地で利用するレンタカーやオプショナルツアーなどのサービス）がそれぞれ、全体量としては 40％、52％、52％減少しているのですが、不正は 139％、144％、22％増えています。コロナ禍でホテル業界、航空業界が苦労されているのは皆様ご存じの通りですが、不正犯もそこを狙ってきているというところで、不正件数がぐっと増えているということです。業界はダブルパンチを受けているような状況です。

もう 1 つ、トランザクションのボリューム（41％増）、不正件数（65％増）ともに増えているのが、Cashing it in quickly、つまりクリプトカレンシー（仮想通貨）です。ビットコインがひと頃値下がりしたものがまた戻っているというニュースもありましたが、これもやはり不正犯のターゲットになっています。クリプトカレンシーそのものはカード決済とちょっと離れますが、それがカードと紐づくような商品、例えばプリペイドにチャージできるような商品が日本にもひと頃ありましたが、そういうものが、マネーロンダリングも含めて不正の対象になっています。不正犯にとっては手早くお金が手に入るということで、狙われているようです。

このレポートから紹介するのはここまでですが、ほかにも業種ごとに不正の動向がレポートされています。

日本の不正利用は依然として減らず アカウントテストの被害が増大

次に Mastercard がまとめているデータから、最新の国際的なカード不正利用の動向を紹介します。グローバル、日本、US、インド、ブラジルのそれぞれについて不正件数を示しています。日本、インド、ブラジルというのは、世界の中で成績の悪い、不正のターゲットにされている 3 カ国です。その中でも日本は突出して不正件数が多いです。

グローバルで見ると、カードの不正自体は増えていません。2020 年 4 月ぐらいに多少増えたぐらいです。不正犯がカードから、先ほどお話ししたクリプトカレンシーのようなところに動いているとも思います。グローバルなトレンドと比較すると、日本の数字があまりにも悪いので目立たないのですが、インド、ブラジルも引き続き高く、今年に入ってから増えている傾向にあります。ただインドは、非対面取引については対策をとっているので、多少減っているような感じもします。

日本について言えば、新しいサービスはどうしてもセキュリティが盤石とはいかず、その脆弱性を不正犯が突いてくるので、不正のトレンドになっているのだと思います。皆様もご存じの通り、2019 年 7 月、セブン＆アイ・ホールディングスグループが 7pay（セブンペイ）を華々しくスタートして、7 日間で閉じてしまったということがありました。あれも結局、狙われたのだと思います。あの後、グループの方とお話しする機会もありましたが、やはり売上を最優先で考えると利便性重視になり、セキュリティ対策が後手後手に回るということだと思います。また、PayPay もそうですし、新しい決済手段へのアタックは少なからずあるのだろうと思います。

クレジットカードの国内のトレンドでいうと、アカウントテストの増加が挙げられます。Mastercard ではアカウントテストと言っていますが、業界の中にはいろいろな言い方をする方がいます。リスト型アタック、新型アタックなどありますが、16 桁のカード番号に紐づく 3 桁のセキュリティコードの組み合わせで認証をとっているケース、カード決済だけでなく各種カードの登録などでもよくあるのですが、その 3 桁の番号を取得しようとすれば、1,000

回やればどれか 1 つはヒットするわけです。それを特定の加盟店のマシンからアタックする。これがアカウントテストで、国内で増加しています。

国内でカードを発行しているイシュアにとっては頭の痛いところです。オーソリの件数が相当数に上るので、承認数が下がりますし、拒否率がものすごいことになる。このアカウントテストの増加というのは世界的に見ても同じ傾向がみられますが、日本は特に多いです。拒否はできているのですが、根本的な対策がない。そもそも日本はセキュリティ対策があまいというのが、狙われている理由だと思います。

フィッシングアタックの増加もよく言われていることです。いわゆる情報漏えいに関しても非常に増えています。手口も巧妙になっていますし、不正犯のスキルも上がってきています。

トークン化と 3-D セキュアのセットを 非対面取引のスタンダードに

海外の不正対策の取組状況についてご説明します。グローバルでは非対面取引の不正に注目点が移ってきています。EMV というのは、ISO とは別の、業界の標準仕様を作っている団体です。もともとは対面決済のチップの仕様を作っていました。非接触決済になると、コンタクトレスですとか NFC ですとか、最近国内ではタッチ決済という言葉を使ってなんとか浸透させようとしています。非対面決済でもチップと同等のセキュリティを提供しようということで作られた仕組みが 3-D セキュアです。EMV で使用を定義しているのですが、なかなかチップのレベルまで浸透しないこともあって、何年か前の 2.0 のときから EMV 3-D セキュアと呼ぶようになりました。

1.0 と 2.0 の話をすると、1.0 の仕様が作られたのはほぼ 20 年前、2000 年より少し前です。当時のインターネットは、電話回線を通じて、FAX モデムというものを使ってつながっていました。それが今では回線も増えましたし、接続デバイスも増えました。20 年前は家の中で 1 台の PC がインターネットにつながっているという状況でしたが、今は家の中に何台もの PC やタブレットやスマホがあり、そのすべてがインターネットにつながっています。その状態で 20 年前の 3-D セキュアでセキュリティが担保できるかということで、2.0 が登場することになりました。ようやく重い腰を上げて仕様の変更を行ったというところです。

接続環境が違うので、1.0 では 10 項目ぐらいのデータしかやり取りできなかったものが、今の時代に合わせて 200 項目以上のデータがやり取りできるようになりました。そのため互換性がないといった不都合も生じてはいるのですが、この変更を推奨していこうということになっています。Mastercard としては、2022 年 10 月に 1.0 の終了を予定してします。今使っている加盟店やカード会社には、速やかに 2.0 に移行していただきたいと考えています。

加盟店・デバイスごとのカード番号のトークン化・暗号化というところでは、国内でもいわゆる PSP（ペイメントサービス・プロバイダ）が提供しているものもありますが、いわゆる EMV レベルのトークン化というものがあります。国際ブランドが提供しているトークン化というものもあります。

国際ブランドとしてはトークン化と 3-D セキュアを、非対面決済のスタンダードにしたいと考えています。簡単に言うと、カード会社が提供している 16 桁のクレジットカード番号だけで決済させないということですね。EMV 3-D セキュアで認証が成立したときにはそれに伴う鍵情報がチェック後に付いてきますし、トークンではそもそもカード番号ではない番号で決済するようになっています。

例えば私が会社のスマホと個人のスマホ、両方にカード番号を登録したとしても、デバイスごとに違うトークン番号が入ります。

そのデバイスでは、デバイス固有のトークン番号とセットでなければ使うことができません。つまりそのデバイスがなければ決済できないということになります。それがブランドが提供しているトークンです。

国際ブランドが提供しているトークンとPSPが提供しているトークンとの違いということではもう1つ、元のカード番号を管理する必要がないということです。デバイスでスキャンしてカード番号を登録し、トークン番号を保管すると、参照できるように一部の情報は残っていますが、元の番号は消去されてトークン情報しか残りません。

これと同じようにブランドとして進めていきたいのが、デバイスだけでなく、例えば国内の大手ECサイトでいうと楽天やAmazonやYahoo!JAPANのサイトでユーザーはカード番号を登録して決済すると思いますが、そのカード番号をトークン化しませんか、ということです。元のカード番号を消してしまって、トークンと固有の加盟店番号とセットで、その加盟店でしか使えない番号にしましょう、ということを推奨していく予定です。

国際ブランドのトークンは、PSPで使われているトークンとはまったく競合せずに、共存できると考えています。PSPが提供しているサービスでは、元の番号と暗号化された番号を両方保管していて、最終的にはオーソリですとか、請求時に元の番号に変換してカード会社に送るという作業が発生するので、これをする必要がなくなる。場合によっては二重のトークンということも可能で、PSPで保管しているトークン番号をそのままブランドネットワークに載せてもらっても、元のカード番号に置き換えることができるので、いずれにしても元のカード番号を保管する必要がなくなります。トークン化したものをもう一度トークン化して保管することができる。PSPが使っているトークン、暗号化とセットにして、二重のセキュリティにすることも可能です。グローバルでは以上のようなことを推進しております。

EUではPSD2（Payment Service Directive：決済指導書）が2019年から有効になっています。簡単にいうと、ストロング・カスタマー・オーセンティケーションを非対面決済には必須にするということです。したがってヨーロッパ域内の加盟店とイシュアには3-DセキュアのPSD2対応を必須にしていました。しかしそこまでしてもなかなか浸透していないというのが事実です。

本来であれば2019年4月時点でPSD2対応が完了して、9月には2.0まで必須となるというのがEUのPSD2に合わせて出されていたブランドのスケジュールでした。しかし2019年7月の時点で、ヨーロッパの実際の取引ベースで3-Dセキュアの取引が全体の25%、2.0に関しては1%だったと聞いています。認知・浸透にはもっと時間が必要だということで、導入完了のスケジュールを2021年3月に設定し直しています。ヨーロッパはセキュリティ対策が進んでいたはずなのですが、スケジュールの遅れが出ているというところです。

ブランドに対しても、3-Dセキュアのグローバルの要件だけでなく、細かな要件を要求しています。3-Dセキュアの認証をとるということは、加盟店に手間をとらせることなので、とはいえ加盟店としては「この人は絶対大丈夫」という取引を除くようなホワイトリストですとか、一定金額以下であれば加盟店がリスクをとるから3-Dセキュアを免除してほしいという申請ができるといった個別仕様を作っています。こういったところがヨーロッパの状況です。

インドに関しては不正が多いという話をしましたが、首相が代わって突然高額紙幣が廃止になったとか、かなり大胆な施策をされています。インドも3-Dセキュアではなく、ストロング・カスタマー・オーセンティケーションを、3段階認証ということで、法律によって義務化したと聞いています。インド専用の3-Dセキュア対応を行っているそうです。2段階認証というのはカード裏面のセキュリティコードと3-Dセキュアなのですが、インドの場合はそれにスマホのワンタイムパスワードをプラスした3段階認証が行われています。

それができるのはインドならではというところもあります。インドではiPhoneの利用率は1%以下で、大半はAndroidだそうです。スマホ本体はほとんどが中国製だそうです。よって、それに対応するソフトウェアを開発すれば、99%を網羅できたということです。

GAFAと呼ばれるプラットフォーマーの協力を得られないとなかなか難しい面があるのですが、インドの場合は1つにフォーカスすれば済んだ。特殊事情だという気もします。

オーストラリアでは2019年7月、AusPayNet requirementsというものが発表されたそうです。日本でいう日本クレジット協会のようなところが、法律対応ではないのですが不正が増えていることに対応して自主規制というようなかたちで、PSD2（2段階認証）の対応を呼び掛けているようです。

法律要件ではなく業界団体が出したものなので、強制力があるものではないのですが、啓蒙活動の1つとして影響力を持っているものと思われます。

米国には、セキュリティ対策をしている加盟店が情報交換をするMRC（Merchant Risk Council）というグループがあって、年に何度か全米レベルの会合を開いて、そこに決済事業者も参加して情報を提供しています。日本でも同じような取り組みができるとい

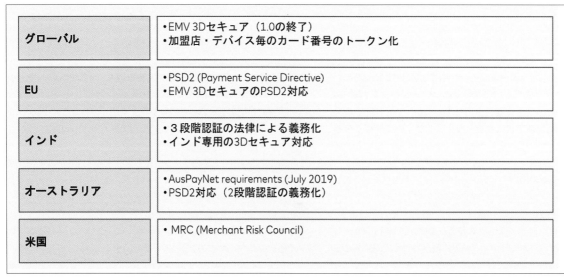

グローバル	・EMV 3Dセキュア（1.0の終了） ・加盟店・デバイス毎のカード番号のトークン化
EU	・PSD2 (Payment Service Directive) ・EMV 3DセキュアのPSD2対応
インド	・3段階認証の法律による義務化 ・インド専用の3Dセキュア対応
オーストラリア	・AusPayNet requirements (July 2019) ・PSD2対応（2段階認証の義務化）
米国	・MRC (Merchant Risk Council)

海外の不正対策の取組状況

いと思うのですが、なかなか業界の垣根を越えられず大きな取り組みに発展していかないのが残念です。

非接触決済を推進
NFC TypeA/B で対応

この後はいくつか興味深い資料をご紹介していこうと思います。先ほど3-Dセキュアの本人認証という話をしました。日本でも本人認証の重要性についてはよく語られるのですが何か違和感があって、今カード会社でできる認証や、3-Dセキュアでできる認証は、正確に言うと本人認証ではないと思っています。今まで使っていたのと同じ人が使っているから同じ取引と見るということです。

Mastercardが行っているものに、行動生体認証（NuData/NuDetect）というものがあります。同じ人が同じようにパスワードを入力していれば、画面上に同じ波形が描かれます。そのデータが盗まれて別の人がアクセスすると、違う波形になります。それが本人認証なのかというとそうではない。過去にアクセスした人と同じ人かどうかを確認しているだけだと思います。これはちょっと、余談として説明させていただきました。

「3-Dセキュアは本当に効果があるの？」「やる意味があるの？」と時々聞かれることがあるのですが、その効果を示すデータがあります。ヨーロッパ、A/P（アジア・パシフィック）、インドで3-Dセキュアを導入した場合の承認率と不正の割合のデータです。特にインドでは、49.6％だった承認率が、3-Dセキュア導入により90.7％まで向上しました。不正の割合は、0.6872％だったものが0.016％と大きく低減しています。

ストロング・カスタマー・オーセンティケーションを導入すると、これだけ顕著に値が下がるということなので、日本も早くこういう環境にしたいものだと思っています。

日本は3-Dセキュアの導入が遅れていると言われています。2年前の3-Dセキュアの利用率を見ると、シンガポールなど特段に利用が進んでいる国を含むAP地域でも25％、中東地域で22％です。カナダで2％、南米で0.5％。アメリカは4％で、ヨーロッパでも当時は18％でした。では急速に3-Dセキュアの導入が進んでいるのかというと、まだまだです。その最中に2.0がリリースされ、日本も多少遅れ遅れということにはなりますが、ゆっくり確実に進んでいると認識しています。

不正が非対面にシフトしてきている以上は、打てる対策は打つべきだと思います。国内のコード決済は、セキュリティより利便性を重視しがちですが、順次導入していっていただきたいと思って

います。

いくつか参考になるサイトの紹介をいたしますと、先ほどオーストラリアの事例を紹介しましたが、より詳しく知りたい方はオーストラリアのペイメントネットワークのサイトをご覧いただければと思います。また、MRCの米国の事例を紹介するサイトがあって、かなり深い情報が掲載されていますので、興味のある方はご覧になってください。海外の事情を知る参考になると思います。

最後にMastercardの今後の非接触決済対応、特にNFC TypeA/B対応について触れておきます。

少し大きなところからいいますと、Mastercardもそうですし、Visaさんもそうだと思いますが、グローバルのロードマップを出しています。2023年、2025年に向けて、接触、非接触の端末、カード発行に切り替えていくスケジュールを発表しています。

日本のMastercardはこのタイムラインからいったん外してもらっています。その理由は、日本の非接触決済は、TypeFといわれるインターフェース、iD、QUICPayによりApplePayが国内仕様で作られていますが、Suicaなどの利用があるので、それとどのように歩調を合わせるかという問題があるのです。さらにそれにコード決済も加わっています。ユーザーの混乱を起こしてはいけないので、ブランドが一方的にスケジュールを決めるのは望ましくないという考えから、いったん除外にしました。もう1つには、経済産業省が改正割販法のもとで2020年3月を目指してICチップ化を推進していたので、それに加えて非接触を進めると混乱を招きかねないということもあり、先送りしてきました。

非接触決済対応はもちろん推進していきますので、どこかでグローバルのマップに立ち返ることになるのだと思います。その時期を今申し上げることはできないのですが、いずれはグローバルの大きな流れに乗っていくことになると思います。

コロナ禍でインバウンド消費がかなり落ち込んでいますが、今後カードには必ず非接触決済機能が付いてきます。TypeFは残念ながら付いていません。コード決済は登録が必要だったりしますので、どうしてもTypeA/Bのニーズは高くなり、それに合わせたロードマップなり情報提供をしていこうと考えています。義務化するかどうかについては議論が必要ですが、検討がされていないわけではなく、コロナ禍の状況を見ながら引き続き検討を進めていきます。

※本記事は2020年11月13日に開催された「ペイメントカード・セキュリティフォーラム2020」のMastercard Director Cyber & Intelligence Solutions (C&I) 丸山秀幸氏の講演をベースに加筆/修正を加え、紹介しています。

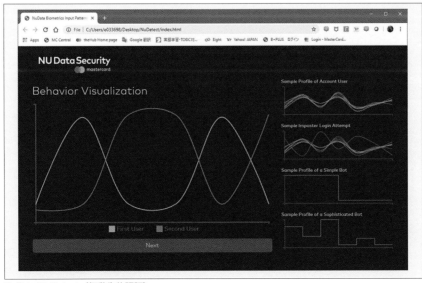

NuData/NuDetect（行動生体認証）

ビザ・ワールドワイド・ジャパン

Visaのセキュリティ強化に向けた ビジョンと取り組み

世界最大の決済ネットワークの1つを展開するビザ・ワールドワイド（Visa）では、高度で多様なセキュリティ関連技術・ソリューションを通して、イシュアやアクワイアラ、加盟店にセキュアで利便性の高い決済環境を提供している。ビザ・ワールドワイド・ジャパンの田中氏が、カードの対面取引ならびに非対面取引における不正動向に対する国際的な取り組みと今後の方向性、これに基づいて同社が開発・提供するソリューションを紹介する。

ビザ・ワールドワイド・ジャパン株式会社　データ・ソリューションズ　ディレクター
田中俊一氏

決済手段の進化にともない 不正利用対策にも進化が求められる

　今回は弊社のセキュリティソリューションについてお話しさせていただきます。まずはじめに Visa についてご説明させていただきます。Visa のビジョンは、世界中どこでもいつでも、誰からも選ばれ受け入れられる決済手段となることです。利用可能な国と地域は世界 200 以上、発行枚数は 35 億枚[1]、総取扱高は 11.8 兆米ドル[2]、15,500 社[3] の金融機関とのパートナーシップを組んで、6,100 万以上[4] の加盟店で使える体制を整えています。

　続いて Visa のネットワークについて、いくつかの数字をご紹介いたします。Visa は世界最大のグローバル決済ネットワークの1つです。Visa のミッションは、個人や企業に、最も革新的で安心・安全な決済処理ネットワークを提供することによって、経済の発展に寄与し、世界をつなぐことです。取引件数は 1,881 億件以上[5]、

ビザ・ワールドワイド・ジャパン株式会社　データ・ソリューションズ
ディレクター　田中俊一氏

1 秒間で処理できる件数は 6 万 5,000 件、可用性は 99.999％を維持、決済可能な通貨の数は 160 以上です。これらの数字は 40 年の VisaNet の歴史の上に可能になっています。

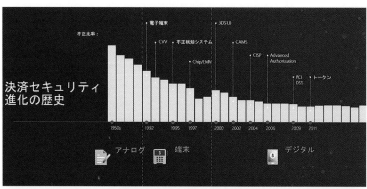

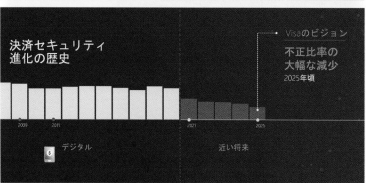

決済セキュリティ進化の歴史

　この Visa のネットワークがどのようなセキュリティソリューションを提供しているかについてご説明します。まず、決済セキュリティの進化の歴史を少し振り返ってみたいと思います。決済サービスは 1950 年代にアナログから始まり、端末、デジタル化と進んできました。

　いわゆる不正取引の比率は、紙やプラスチックの時代は高いものでした。しかし、端末が導入されリアルタイムでオーソリゼーションができるようになり、磁気ストライプの中に CVV（Card Verification Value）が埋め込まれ、不正検知システムが導入されて、さらに 1997 年ごろからの EMV チップの導入が CP（Card Present）決済に大きな革新をもたらしました。

　2000 年代に入るとデジタル化が進み、E コマースが盛んに行われるようになってきて、不正取引のターゲットもこちらに移ってきました。

　Visa では 2000 年ごろに 3-D セキュア 1.0 をリリースした後も、さまざまなセキュリティソリューションを提供してきております。2002 年には CAMS（Compromised Account Management System）をリリースしました。これは情報流出したカード情報を共有することで流出した情報が悪用されないようにする

※1　※2　※3　2020 年 3 月 31 日現在　　※4　アクワイアラおよび第三者機関からの報告に基づくデータ
※5　2018年12月31日現在における直近四半期の VisaNet を通じた支払いおよび引き出しの取引件数

ための仕組みです。

2004年には、現在のPCIDSSやVisa Account Information Security ProgramのもととなるCISP（Visa Cardholder Information Security Program）をリリースし、カードホルダーの皆様の情報を守るためのセキュリティプログラムに以前より取り組んでいます。2006年には「Advanced Authorization」というAIベースのスコアリングシステムをリリースしました。2009年にはPCI DSS、2011年にはトークンと、新しいセキュリティの手段を、決済手段の発展とともに世の中に提示してまいりました。これがVisaのこれまでの歴史です。

今後はどうなるかということですが、2025年には不正利用がさらに大幅に減少すると弊社では見込んでいます。それを実現するためのソリューションの開発・提供を進めているところです。

過去50～60年を振り返ってみても、決済手段が変化して利便性が増すと同時に、新しいセキュリティ対策が求められるようになってきました。今後も決済環境の変化にともない、過去と同様のことが起きてくるものと考えられます。

7つのソリューションを通して
安全で快適な決済環境を実現

今回は大きく7つのソリューションをご紹介させていただきます。まずはじめに、「Visa Advanced Authorization（VAA）」のご説明をさせていただきます。AIを用いた機械学習のスコアリングのソリューションです。ここ数年AIが大変注目されていますが、VAAは決して直近に開発されたものではなく、長年かけて開発してきたものです。Visaの過去における不正の取引、真正の取引、それぞれにおいてどのようなパターンがあるのかをAIで分析して、その結果をリアルタイムの取引に当てはめて瞬時にリスクを判断するというものです。お客様をお待たせすることなく、ほんの一瞬、取引が右から左に流れる間にスコアリングを行うことができます。

現在、世界8,000社以上にVAAを利用いただいています。もちろん国内でもすでに利用実績があります。結果、年間250億ドル以上の不正取引の削減と、承認率の向上に効果を上げています。極端な例をあげれば、取引を全部止めれば不正はゼロになります。しかしビジネスとして発展・拡大するためには、不正取引を止めると同時に、真正取引を正しく承認することが必要です。正しい取引の承認と不正取引の拒否、その判別こそがわれわれの闘いなのですが、VAAはそのバランスをとりながらビジネスの発展を後押しするソリューションと言えます。

次にご紹介するのはVisa Risk Manager（VRM）です。これはVisaNet上で稼働する不正検知システムです。通常はイシュアが投資して不正検知システムを構築することが必要ですが、VisaではVisaNet上で動くVRMを用意しています。機能としては、どのような取引を止めるのかのルール管理、不正案件を管理するケース管理、顧客管理、レポート等があります。既存の不正システムとの併用／代替など、いろいろなパターンでご利用いただいております。

VAAやVRMは、CP取引／CNP（Card Not Present）取引、海外／国内のいずれの取引にもご利用いただけます。近年はCNP取引での不正が増加しています。承認されたCNP取引が24％増加しているのに対して、拒否されたCNP取引は38％増加しています。CNP不正取引は13％増加しています。イシュアにとって、真正取引か不正取引かを判断するのはますます難しくなってきている状況です。

加盟店目線でも、承認してほしい取引にも関わらず、拒否されるケースも生じています。不正取引だけが拒否されるのであれば問題ないのですが、拒否された取引のうち10％が真正取引であっ

たというデータもあります。機会損失額は決して小さくはありません。これに対してVisaではいくつかのソリューションを提供しています。

EMV 3-Dセキュアで高度な
リスクベース認証が実現

その1つがEMV 3-Dセキュアのソリューションです。3-Dセキュアの1.0バージョンがリリースされたのは、もう20年も前のことです。2000年当時の環境を振り返ると、パソコンの情報閲覧はすべてブラウザベースだったと思いますが、現在その環境は大きく変わってきています。そこで、新しい環境に合わせたEMV 3-Dセキュアがリリースされました。これも3-Dセキュア1.0と同じく、Visaだけでなくほかの国際ブランドと共通して使うことができる技術仕様になっています。

3-Dセキュア1.0との大きな違いの1つは、認証方法です。3-Dセキュア1.0と比べて加盟店から送られてくる情報が非常に多くなっていることから、パスワード認証ではなく、これらの情報を活用したリスクベース認証を採用できることです。一部3-Dセキュア1.0でもリスクベース認証を実装しているケースはありますが、EMV 3-Dセキュアでは、より高度なリスクベース認証が実現できると想定しています。

先ほども述べたように、インターネットでの決済環境は近年大きく変わってきています。モノを購入するときのモバイルアプリ利用は日常になっています。カード利用時の本人認証のシーンも、カードの加盟店サイトへの登録、EMVトークンの登録、非決済（支払い）領域での活用など拡大しています。EMV 3-Dセキュアはそういった状況を踏まえて設計されました。ユーザー体験を向上することによって、1.0で問題となっていた「スピードの遅さ」や「度重なるパスワード入力のストレス」を解消し、認証途中での「カゴ落ち」を大きく減少できるものと考えています。実際に弊社のケーススタディでは、85％の決済時間の短縮、70％のカゴ落ち減少を達成できました。

3-Dセキュアに関して、弊社ではイシュア、加盟店双方向けにそれぞれソリューションを用意しています。イシュア向けのACSサービスであるVCASと、加盟店向けの3DSサーバ（3DS1.0ではMPIサービス）であるCardinal Centinelです。これを活用した決済の流れについてご説明いたします。お客様がカード番号を入力しますと、加盟店からVisaに認証要求が出されます。3-Dセキュア1.0ではMPIと言われるもので対応していましたが、EMV 3-DセキュアではVisaグループの1つであるカーディナルコマースが提供している3DSサーバで対応いたします。

その後、Visaはイシュアに認証要求をし、イシュアがACSでリスクベース認証を行うという流れになりますが、VisaではそのACSソリューション（VCAS）もイシュア向けに提供しております。これによりリスクの高低を判断して、リスクが低ければその場で本人認証を完了してオーソリゼーションに進み、リスクが高ければチャレンジに進んで追加認証を行うか、直接拒否ということになります。このソリューションはすでに世界で2,500社以上に導入され、承認率の向上と不正比率の低下を実現しています。

続いてCybersource Decision Manager（DM）についてご説明いたします。これは加盟店向けの不正決済検知システムです。加盟店からのオーソリゼーションの前、あるいはその後に、不正か否かを判断するシステムです。これにはVisaNetとCybersourceが持っている真正取引および不正取引のデータを活用して不正検知を行っています。DMは年間12億件、2,140億米ドル[6]の不正を検知した実績を持っています。不正検知は平均600ミリ秒（0.6

※6 cybersourceデータ

秒）以下という短い時間で行われます。不正検知レーダーのほか、ユニバーサルルールエンジンや案件管理システムなど、不正検知に必要なソリューションを網羅して提供しています。

　DM を 7 年以上ご利用いただいている航空会社では、売上の向上、不正の減少、承認率の向上に大きな効果を上げています。加えて、マニュアルで行っていた確認作業のオペレーションコストを 57% 削減することができたということです。

Visa トークンサービスで多様な機能を提供

　ここでもう一度、承認率についてお話ししておきたいと思います。対面では今、チップ取引とタッチ決済が主流になってきており、偽造できないということで承認率が非常に高くなってきています。ただ E コマース取引においては、まだまだ承認率は低い水準にあります。これを改善する手段として先ほどご説明した 3-D セキュアなどがありますが、弊社としてこれから広げていきたいソリューションの 1 つが、トークンです。

　トークンは PAN から置き換えるものとご理解いただけているものと思いますが、実はそれだけではありません。Visa トークンサービスでは多様な機能を提供しています。トークンは万一盗まれてもほかで使えない、ドメインコントロールという機能を提供します。特定の加盟店でしか使えないトークンを発行することもできますし、一部のデバイスでしか使えないトークンを発行することもできます。もう 1 つ、トークンに求められている機能は、ライフサイクルマネジメントではないかと考えます。実際のカードの有効性とは別に、トークン独自のライフサイクルがあります。トークン情報の更新とか、新規作成、削除などです。また、カードを紛失しても、トークンを置き換える必要がないことが、トークンの魅力の 1 つになっています。

　また、トークンにはカードアートという券面デザイン情報を利用できる機能もあります。いつもカードホルダーが利用している券面デザインを WEB に表示させることで、お客様に安心して使っていただけることもトークン活用のメリットとなります。

　Visa のトークンの歩みについて簡単にご説明したいと思います。2010 年代前半にいわゆる○○ Pay や○○ウォレットに付随して登場してきたトークンが、ウェアラブル、Card on File、P2P といったかたちで浸透していった経緯がございます。Visa のトークンは、これから Click to Pay などさまざまなかたちで発展し、広がっていくのではないかと予想しています。

　その他のソリューションとして、いくつかご紹介いたします。決して派手ではないですが、Visa のセキュリティを高めるための数々の取り組みです。

　その 1 つが、Visa Payments Threat Lab です。弊社のクライア

ントの脆弱性につながるエラーを特定したり、承認プロセスを評価を行ったり、犯罪者に悪用されうる潜在的なリスクや脅威を事前に検出し、リスクを回避する設定を可能にしています。ほかに、Vital Signs というものがございまして、潜在的な不正取引、近年は特に ATM でのキャッシュアウト詐欺などのモニタリングおよび対応を行っています。

　また、Risk Operations として、24 時間 365 日体制でリスクを監視し、分析の結果、何か問題が発見されれば、早期警戒情報としてクライアントに提供しています。E コマースの加盟店で顧客情報流出の可能性があればそれを早急に特定するためのサービスを提供しています。

ネットワーク・オブ・ネットワークス戦略を提唱

　最後に、Visa の戦略とセキュリティについてご説明させていただきます。Visa では今、ネットワーク・オブ・ネットワークス戦略を提唱しています。これは大きく 5 つの基礎的要素から成り立っています。①エンドポイントを網羅、②ネットワークを網羅、③決済保証、④信頼できる標準規格、⑤機能の分離・単体化の 5 つです。

　1 つ目は、決済・送金を行うすべての方々に対してあらゆるアクセスポイントを提供するということです。単一の接続ポイントで世の中にあるすべての決済手段に対応することを目指しています。

　2 つ目については、Visa は世界各国のパートナーと協業して関係を構築しながら世界最大の決済ネットワークを築き上げてきました。VisaNet 以外のネットワークも含めてあらゆるネットワークを網羅していくということです。

　3 つ目の決済保証については、Visa で決済すれば安心・安全だということをしっかり担保していくことが重要だと考えています。

　4 つ目の信頼できる標準規格というのは、Visa の標準規格を通じて、ストレスフリーでセキュアで、かつ、親しみやすい資金移動・決済を提供することです。VAA スコア等もこの戦略の一部となっています。

　5 つ目の機能の分離・単体化は、Visa のネットワーク、あるいはソリューションを、単体で、あるいは分離して、一部をお客様に提供するということです。これらによって、取引前・中・後を通して、いかにパートナーに高い価値を提供できるかというのが、弊社のネットワーク戦略の核となる部分です。本日ご説明したセキュリティのソリューションもこの一部にもなっています。

　この戦略を通して、新しいフローの構築や、パートナーシップの構築に貢献していきたいと思っております。

　日本国内で今、弊社がどのような戦略を展開しているかと申しますと、キャッシュレス化の推進です。施策は大きく 4 つあり、1 つ目は安心・安全な決済の普及、2 つ目は、便利でフリクションレスな決済体験の提供です。3 つ目はフィンテック・プラットフォーマーとの協働、4 つ目は支払・残高の可視化です。

　今回ご説明いたしましたさまざまなソリューションを通して、クライアント、イシュア、アクワイアラ、加盟店の皆様とともに、国内の戦略の 1 つである安心・安全で便利な決済の普及に努めていく所存です。

※本記事は 2020 年 11 月 13 日に開催された「ペイメントカード・セキュリティフォーラム 2020」のビザ・ワールドワイド・ジャパン株式会社　データ・ソリューションズ　ディレクター　田中俊一氏の講演をベースに加筆 / 修正を加え、紹介しています。

Visa ネットワーク・オブ・ネットワークス戦略

レポート「カード不正と将来展望」

世界の不正と主要なソリューションプロバイダーを網羅

カード不正と
将来展望

～世界の不正と主要な
ソリューションプロバイダーを網羅～

株式会社TIプランニング

本編のレポートでは、「はじめに」で、COVID-19(コロナウイルス)のパンデミックと世界の不正(Fraud)の状況を概観する。

第1部では、イギリス、オーストラリア、台湾、アメリカなどのカード不正やオンライン不正の状況を俯瞰すると共に、ヨーロッパのPSD2(Payment Service Directive2、決済サービス指令2)と"強力な顧客認証"(SCA、Strong Customer Authentication)やオーストラリアのAPNのCNP不正削減を図るフレームワークなどペイメント不正対策についてについてレポートする。

第2部では、カード不正(犯罪)の進化とその対策として、これまでのカード不正の歩みを概観し、オンラインペイメントに関する不正やデジタルIDに対する不正攻撃、個人情報窃盗(Identity Theft)、フィッシング(Phishing)詐欺、ATO (Account Takeover、口座の乗っ取り)といった不正・詐欺の手口をレポートするとともに、3DセキュアやFIDOなどの不正対策ソリューションを紹介する。

第3部では、Cyber Source(Visa)の"Decision Manager"や"Managed Risk Service"、Brighterion (Mastercard)の"AI Express"、Signifyd、Data Visorの"dVector"や"dCube"、FICOの多彩な"不正対策プロダクツ"や"FICOクレジットスコア"、"myFICO"といったオンライン不正検出・不正防止ソリューションを紹介する。

第4部では、欧米の主要な不正ソリューションのプロバイダーを紹介する。次いで、Accertify(アメリカンエキスプレスの関連会社)、ethoca、Simility(Pay Palの関連会社)、Tieto EVRY(北欧)の4社について、レポートする。

☒編集・発行：TIプランニング　　●発売：2021年3月29日(予定)　　●4色オールカラー

☒価格：本体価格100,000円＋税　(税込価格110,000円)→送料は無料となります。

東京都新宿区若葉1丁目4番地2　スミカワビル4F　　TEL:03-5357-7077　　お問い合わせ：support@paymentnavi.com

ペイメントナビのWebサイトからお申し込みが可能です。

海外のカード・オンライン決済不正動向
～世界で特に大きな被害をもたらしている不正とは～

和田　文明

海外におけるペイメントカード不正やオンライン不正動向について、海外事情に詳しい、和田文明氏に解説してもらった。

■はじめに

　欧米のクレジットカードやデビットカードの不正・詐欺の頻度は、COVID-19（コロナウイルス感染症）のパンデミックの発生以来、前例のないレベルにまで上昇している。多くの国民経済がCOVID-19に悩まされ、何千万人もの市民が失業と債務に苦しんでいるにもかかわらず、詐欺師の不正行為は止まっていない。

> ・UK ファイナンスによると、イギリスにおける全ての金融商品の不正発生率は、2020 年 4 月度は前年同月比で 33%上昇している。偽の自動車ローンやその他の金融資産のアプリケーションでは、前年比で 181% の最も極端な上昇が見られた。不正な支払いも、前年比で 35% も増加している
> ・アメリカのバンキングテクノロジーの会社であるフィデリティナショナルインフォメーションサービスは、クレジトカードやデビットカードの不正請求額も前年比で 35% も急増したとレポートしている

　今日の COVID-19 のパンデミック時代において、クレジットカードやデビットカードといったペイメントカードの不正との戦いが、この世界的な健康危機の最中に、世界中で繰り広げられている。COVID-19 のパンデミックが始まってから、詐欺師が送信するフィッシング（Phishing）メールの数が急増している。

　これらの悪意のあるメッセージであるフィッシングメールが、銀行などの金融機関のほか、企業やオンラインマーチャント（オンラインカード加盟店）、一般個人（消費者）に直接送信されている。詐欺師は、一般個人のみならず、銀行などの金融機関やオンラインマーチャントなども標的にして、攻撃を行っている。詐欺師は、カードホルダーからクレジットカードのアカウント情報を盗み取ることを目的とし、偽のオンラインマーチャントの Web サイトを作成しているケースもあるといわれている。

　COVID-19 パンデミック中、世界中でオンラインショッピングへの移行が急速に進み、e コマースの拡大が今後も続くものと予想されている。こうした e コマースの拡大に合わせて、CNP（Card Not Present、実際のカードを提示しない）オンライン決済が急速に拡大している。特に、2020 年 3 月の COVID-19 のパンデミックの発生から数カ月間の e コマースの急激な増加は、初めてオンラインショッピングを利用し、初めてオンライン決済を行った初心者が少なくなかったためといわれている。

　こうした中、詐欺師は、フィッシング詐欺で個人情報を盗み取り、本人に成りすまして、銀行アカウント（口座）やクレジットカードアカウントや電子マネーアカウントなどの ATO（Account Take Over、口座乗っ取り）詐欺や不正な銀行のアカウントやクレジットカードのアカウント、電子マネーアカウントの開設を行うなど、IT を用いた不正・詐欺の戦略を強化している。

　このように、本物のアカウントを乗っ取ったり、本人に成りすまして偽のアカウントを開設したりするために、詐欺師は、

リモートワーカーをターゲットにして、できるだけ多くの個人情報を盗み取って集めることができるように設計されたソーシャルエンジニアリング戦術を用いているといわれている。詐欺師は、送信する電子メールに関連する "なりすまし" のネットワークやサイトを設け、電子メールで人々をフィッシングしようとしている。そして、詐欺師が狙っているのは、特にリモートワーカーで、彼らから個人情報を入手しようとしている。

　詐欺師はさらに、一般個人のみならず、オンラインマーチャントや PSP（ペイメントサービス・プロバイダー）、アクワイアラーをもターゲットにするようになっている。特に、イシュアー（カード発行銀行やクレジットカード発行会社）、マーチャントなどは、詐欺師のこうした動向に注意を払う必要がある。

　こうした詐欺師のカード不正の IT 戦略に対抗するためには、イシュアーである金融機関は、詐欺師からのアカウントへの攻撃を防御するため、ML（機械学習）や AI（人工知能）などの新しいテクノロジーに投資する必要がある。e コマースの CNP の場合には、3-D セキュア Version 2 など 2 要素認証のテクノロジーを利用することが肝要である。

> オンラインニュースサイト "NEWS2 ＋"（アメリカテネシー州ナッシュビル）は、COVID-19 のパンデミック下のカード不正について、『詐欺師が望んでいるのは、すぐにあなたを引き込むことです。詐欺師は、あなたにとてもお得な価格で何かを提供すると偽サイトなどで案内をします。例えば、ラップトップパソコンは、COVID-19 のパンデミックにおいて、需要が高いですよね？　子供は学校でラップトップパソコンを必要とし、人々はリモートで作業するためにラップトップパソコンを必要としています。つまり、詐欺師がしていることは、ラップトップパソコンをお得な価格で案内し、商品の配送を "保証" すると謳うことです。何が起こるかというと、注文した商品を入手することができないか、あるいは、CNP でオンラインペイメントに用いたクレジットカード情報を盗み取られたり、コンピュータにマルウェアを埋め込まれるかのいずれかです』と報じている。

　本レポートでは、まず海外における COVID-19 のパンデミック下におけるカード不正についてその不正・詐欺の手口を概観する。次いで、1980 年から現在に至るまでの欧米におけるカード不正・犯罪の歩みを振り返る。そして、具体的なペイメントカード不正やオンライン不正の手口を紹介し、特に大きな損害をもたらしている「デジタル ID に対する不正攻撃」や「個人情報窃盗（Identity Theft）」、「フィッシング（Phishing）詐欺」、「ATO（Account Takeover、口座の乗っ取り）」、「イギリスの APP（Authorized Push Payment Fraud、承認されたプッシュペイメント不正）」について、詳しくレポートする。

1、COVID-19（コロナウイルス）の パンデミックとカード不正（Fraud）

昨年の春頃から、世界中で COVID-19 によるパンデミックが起きている。COVID-19 のパンデミックによって、世界各地で "都市封鎖" や "移動の制限" などが行われ、緊急事態宣言が発せられた日本をはじめとして、欧米やアジア、オセアニアなど世界の多くの地域で、デジタルチャネルの E コマースへの移行を加速させている。COVID-19 のパンデミックが消費者の消費習慣に大きな変化をもたらしている。このように、COVID-19 のパンデミックにより、世界中で、より一層 E コマースが拡大し、CNP オンラインペイメントが急激に増加している。

一方、リアルの決済は、COVID-19 によるパンデミックの対策上、移動等の制限により、店舗での買い物自体が大きく縮小している。このような中、特に欧米では ATM からの現金の引き出しは大きく減少。ウイルスを媒介する恐れがある現金による支払いを嫌い、キャッシュレスがさらに進行している。特に、クレジットカードやデビットカードといったペイメントカードのやり取りを行わなくて済むコンタクトレスペイメントが急速に拡大している。近世のヨーロッパでは、ペストやコレラが流行した際、お金（金貨や銀貨などの硬貨）や手紙が感染源として疑われ、お金や手紙が消毒されていた。

○コンタクトレスペイメント

コンタクトレスペイメントには、欧米先進国を中心とする Visa Contactless（日本では Visa のタッチ決済）や Mastercard Contactless といったクレジットカードやデビットカードといったペイメントカードのコンタクトレスペイメントのほか、Apple Pay や Google Pay、Samsung Pay などの NFC（Near Field Communication）モバイルペイメントによるコンタクトレスペイメントが拡大し、中国やアジアを中心に支付宝や微信支付といった QR コードによるモバイル決済も拡大している。（図表1）は、世界のカードブランドのコンタクトレスペイメントである。（図表2）は、NFC モバイルペイメントとモバイル QR コードペイメントの世界の主なブランドである。

COVID-19 のパンデミックの直中の 2020 年4月に、イギリスでは、Visa Contactless や Mastercard Contactless などのクレジットカードやデビットカードといったペイメントカードのコンタクトレスペイメントの CVM（Cardholder Verification Method カード保有者認証）のフロアリミットを従来の 30 ポンド（約 4,200 円）から 45 ポンド（約 6,300 円）へと 50% 引き上げている。CVM のフロアリミット内であれば PIN 入力や署名は原則として不要となる。

（図表3）は、イギリスのコンタクトレスペイメントの CVM のフロアリミットの推移を示したものである。2007 年にイギリスでコンタクトレスペイメントがスタートした時の PIN（暗証番号）入力が免除される上限額は 10 ポンド（約 1,400 円）であった。2015 年に上限額が 20 ポンドから 30 ポンドへと 50% 引き上げられた時のコンタクトレスペイメントカードのイギリスでの流通枚数は 7,630 万枚であったが、今回の引き上げ時にはイギリスで発行されているクレジットカードやデビットカードの大半と多くの Visa や Mastercard ブランドのオープンループのオンラインプリペイドカードはコンタクトレスペイメント機能が搭載済みである。

（図表1）コンタクトレスペイメントの主なアクセプタンスマーク

VISA	Visa Contactless	
Mastercard	Mastercard Contactless	
American Express	American Express Contactless	
DISCOVER	DISCOVER ZIP	
JCB	JCB Contactless	
中国銀聯	Quick Pass	

（図表2）世界の主なNFCとQRコードによるモバイルペイメントのブランド

Apple	Apple Pay	
SAMSUNG	SAMSUNG pay	
Google	Google Pay	
Microsoft	Microsoft Pay	
支付宝	支付宝（QR コード）	
微信支付	微信支付（QR コード）	

（図表3）イギリスのコンタクトレスペイメントの CVM（Cardholder Verification Method カード保有者認証）のフロアリミットの推移

年月	コンタクトレスペイメントカード発行枚数	フロアリミット（上限金額）	引き上げ率
2007 年ー	——	10 ポンド（約 1,400 円）	——
2010 年ー	2,000 万枚未満	15 ポンド（約 2,100 円）	50%
2012 年6月	3,030 万枚	20 ポンド（約 2,800 円）	33%
2015 年9月	7,630 万枚	30 ポンド（約 4,200 円）	50%
2020 年4月	1 億 2,900 万枚（2019 年3月末）	45 ポンド（約 6,300 円）	50%

各種資料より作成

フランスやイタリア、ドイツ、スペインなどの統一通貨ユーロを導入している国では、CVM のフロアリミットは従来の 25 ユーロ（約 3,000 円）から 50 ユーロ（約 6,000 円）へ 100% の引き上げが行われている。また、イギリスの造幣局は、コンタクトレスペイメントで少額決済のキャッシュレス化が大きく進む中で、2 ポンド（約 280 円）硬貨や 2 ペンス（約 5 円）硬貨の新たな鋳造をやめている。

○ COVID-19（コロナウイルス感染症）パンデミックと不正の増加

COVID-19 のパンデミックにより、世界中でデジタルチャネルで行われる E コマースがますます増えている。E コマース関連ビジネスの事業者は新しい業務に対応し、ヨーロッパの PSD（Payment Service Directive、決済サービス指令）2 など新たな規制に準拠しながら、E コマースにおける CNP などのオンラインペイメントの対応を行っていく必要がある。

E コマースの拡大に合わせて、オンラインペイメントやオンラインバンキング（インターネットバンキングやモバイルバンキング）、オンライン証券やオンライン保険など金融サービスにおけるデジタル化も加速している。インターネットバンキングやモバイルバンキング、E コマースなどのチャネルでのデジタルトランザクションが多ければ多いほど、デジタル上での不正行為や詐欺行為が増えていく。各種アカウントの乗っ取り（Account Take Over）、オンラインマーチャントの不正、チャージバック不正など、クレジットカードやデビットカードなどのペイメントカード不正やオンラインペイメント不正が増加している。

COVID-19 のパンデミックにより、あらゆるレベルにおいて脆弱性が発覚したこともあり、昨年来オンラインにおける不正攻撃は着実に進化し、増加している。新たなオンライン不正・詐欺の傾向が、世界中のペイメント業界や金融業界に広がっている。

○ ACFE（Association of Certified Fraud Examiners、公認不正検査士協会）

アメリカをベースとする国際不正検査士（Fraud Examiners）の団体である ACFE（Association of Certified Fraud Examiners、公認不正検査士協会）のベンチマークレポート「COVID-19 パンデミックの影響を受けた不正」によると、（図表 4）のように、ACFE の不正検査士メンバーの 1,851 人がパンデミック中に不正の増加や不正の調査と不正の防止が困難となったと感じている。

> ACFE は、元 FBI の Joseph ウェルズによって 1988 年に設立され、現在本部はテキサス州オースティンにあり、メンバーは日本を含む、世界 150 カ国に 8 万 5,000 人以上、支部（Local Chapter）は世界中におよそ 200 が組織され、会員同士の交流やセミナーなどの教育や啓発が行われている。

・顕著に不正が増加している 25% と不正が増加している 70% を合わせると、COVID-19 パンデミックが表面化してから不正が増加していると考える不正検査士は 95% にも上る
・COVID-19（コロナウイルス）パンデミックが特に影響して増加していると思われる不正で最も多いのは、ビジネスメールへの侵害、ハッキング、ランサムウェア、マルウェアなどのサイバー攻撃や詐欺の増加で 80%、次いで多いのがベンダーと販売業者の不正（価格のガウジング、製品の不実表示、過剰請求など）の増加で 68%、支払い不正（クレジットカード詐欺や不正なモバイルペイメントを含む）の増加が 60%、健康に関するヘルスケア（健康・医療）関連の詐欺の増加が 58%、個人情報の盗難の増加が 57% と続いている
・COVID-19 パンデミックが表面化してから、不正の検出や不正の調査、防止への対応については、70% が不正の検出がより困難になったとし、75% が不正の調査と防止への対応がより困難になったとしている
・COVID-19 パンデミック時の最大の制約については、38% が不正の現地調査ができないこと、35% が不正調査をキャンセルまたは延期したこと、32% が不正の証拠へのアクセスができないことを挙げている
・今年（2021 年）の予想に関しては、93% が不正のさらなる増加を予想し、51% が不正の大幅な増加を予想している

（図表 4）COVID-19 パンデミックの影響を受けた不正の状況

COVID-19 パンデミックが表面化してから不正が増加しているか	
不正が増加している	70%
顕著な不正の増加	25%
COVID-19 パンデミックが特に影響して増加していると思われる不正	
ビジネスメールの侵害、ハッキング、ランサムウェア、マルウェアなどのサイバー詐欺の増加	80%
ベンダーとセラーの不正（価格のガウジング、製品の不実表示、過剰請求など）の増加	68%
支払い不正（クレジットカード詐欺や不正なモバイル支払いを含む）の増加	60%
健康に関するヘルスケア詐欺の増加	58%
個人情報の盗難の増加	57%
COVID-19 パンデミックが表面化してからの不正の検出や不正の調査、防止への対応	
不正の検出がより困難になった	70%
不正の調査と防止が困難になった	75%
COVID-19 パンデミック時の最大の制約について	
不正の現地調査ができないこと	38%
不正調査をキャンセルまたは延期	35%
不正の証拠へのアクセスができないこと	32%
来年（2021 年）の予想	
不正の増加を予想	93%
不正の大幅な増加を予想	51%

ACFE の HP より作成

○指紋生体認証ペイメントカード（Biometric Sensor Payment Card）

COVID-19（コロナウイルス）のパンデミックにより、クレジットカードやデビットカードなどのペイメントカードの不正が急速に増加する中、これらのペイメントカード発行銀行やカード発行会社に求められていることは、ユーザーであるカードホルダーに安心感と信頼感を植え付けることである。これは、顧客に対する事後対応ではなく、カード不正や詐欺から、積極的に保護されるということである。

こうした信頼のレベルをアップするには、現在のパスワードやPIN（Personal Identity Number、暗証番号）といった本人認証のあり方に、目に見える大きな進化が求められる。ペイメントカード発行銀行やカード発行会社とペイメントサービス・プロバイダーは、これらパスワードやPINの従来の方法にとって代わって、ペイメントセキュリティを進化させるセキュアで便利なソリューションを開発し、普及させることが期待されている。

PINに代わって、カード決済における本人認証で期待されるのが、指紋生体認証ペイメントカード（Biometric Sensor Payment Card）である。この指紋生体認証ペイメントカードは、カード本体に搭載した指紋センサーで、決済時にPINの入力を不要とするもので、セキュアなエンド・ツー・エンドの暗号化機能を提供する。

現在、EMVスタンダードのICカードには、PINによる本人認証機能やコンタクトレスペイメント機能などが備わっているが、カード不正対策の課題は、確かな本人認証である"指紋認証"を介して、カードホルダーを物理的にカードにリンクさせることで解決できる。

エンド・ツー・エンドの暗号化は、ペイメントカードとカードホルダーのデータをさらに保護して、人とオブジェクトの間に明確な接続を確立することができる。これらの2つの側面を組み合わせると、不正や詐欺の選択肢がなくなり、イシュアーに積極的なコスト削減要素を提供することができる。今後、指紋生体認証カードをクレジットカードやデビットカードなどのペイメントカードに採用することにより、防犯対策、プライバシー保護、コスト削減、利便性の4つの面で、問題をクリアすることができる。

指紋生体認証ペイメントカードは、指紋データが共有データベースではなく生体認証カードに安全に保持されるため、非常に高いレベルで消費者のプライバシーを確保することができる。カードホルダーの指紋画像はすぐに抽象的な生体認証テンプレートに変換され、照合されてカードのSE（Secure Element）に保存される。

指紋生体認証ペイメントカードは、消費者であるカードホルダーにとって、ペイメントカードの不正・詐欺の被害を受けないという経済的メリットをもたらすことは明らかであるが、プロバイダーにとっても、指紋生体認証カードを従来のカードよりも長く保持し、ROI（費用対効果）を向上させることができるというメリットがある。指紋生体認証カードは、これらのペイメントカードが提供するトランザクションの速度と可用性によって利便性をさら

に高めることができる。ペイメントカードでの支払いをするとき、カードホルダーは、速く、停滞のないトランザクションプロセスを望んでいるからである。

ジェーシービー（JCB）は凸版印刷と提携し、2018年に日本初の指紋生体認証ペイメントカード（図表5）"F-CODE"をトライアルテストに採用している。凸版印刷は、2016年にこの指紋生体認証カードのテクノロジーを有するフランスのIDEMIA（アイデミア）と提携し、日本国内での製造・販売に関する協業に合意している。指紋生体認証ペイメントカードによる決済はPINの代わりに指紋認証を行うもので、カードホルダー本人のみが使用でき、ペイメントカードの安全性が確保され、不正が発生する可能性が低くなる。NFCモバイル決済やQRコードモバイル決済が可能なスマートフォンも、駆動時に指紋による認証が可能なデバイスが増加しており、今後決済を伴うペイメントカードやスマートフォンのデバイスの本人認証のスタンダードになっていくものと思われる。

> 指紋生体認証ペイメントカードは、欧米で広く使われているコンタクトレスペイメントで、カードをPOSカード決済端末機にタップするよりもより高いセキュリティと処理スピードをアップすることが可能だ。すでに、コロナウイルスの拡散を最小限に抑えるために、欧米を中心に、現金（キャッシュ）を使用したり、PINを打ち込んだりするペイメントカードによる決済に代わって、PINによる本人認証を免除したコンタクトレスペイメントやNFCモバイルペイメント、QRコードモバイルペイメントといったタッチフリーペイメントが増加している。

2、カード不正・犯罪の進化（1980年〜2020年）

カード不正・犯罪の進化の歴史を振り返ってみたい。まず1980年代から2020年に至るまでの40年間におけるカード犯罪の進化の歴史を概観し、欧米におけるスキミング犯罪のこれまでの経緯やデジタルIDの攻撃、ペイメント関連の不正、なりすまし攻撃、各種口座の乗っ取り（Account Take Over）、フィッシング（Phishing）攻撃などのクレジットカードやデビットカードなどのペイメントカード不正やオンライン不正の状況をレポートする。次いで、カード偽造によるカード不正損失額が急増した2002年以降の現在までのイギリスのカード不正とその対策の歴史についてレポートする。

（図表5）JCBの指紋生体認証カード（Biometric Sensor Payment Card）

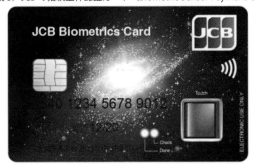

凸版印刷のHPより

（図表6）1970年代のVisaクレジットカード

（図表7）1960年代のアメリカン・エキスプレスカード

(1) カード不正（犯罪）の進化へのフォアランナー（前史）

アメリカで銀行によるサードパーティ型のクレジットカード（バンククレジットカード）が誕生した1950年代には、すでに紛失や盗難にあったクレジットカードを第三者が悪用するカード不正や犯罪は起きていた。クレジットカードの歴史は、カード不正（犯罪）の歴史でもあるといっても過言ではない。（図表6）は1970年代のVisaクレジットカード、（図表7）は1960年代のアメリカン・エキスプレスカード、（図表8）は、1970年代初期のマスターチャージカード（現Mastercard）である。

磁気カードとPOSカード決済端末機が登場する1980年代前半までは、クレジットカードにはICチップはもちろん磁気テープといったセキュリティ対策はとられていなかった。セキュリティ対策といえば、クレジットカードの提示とカードのサインパネルのサインとカード売上票とのサイン照合による初歩的な2段階本人認証と、毎月更新されマーチャント（カード加盟店）宛に送られる"無効カード通知表"との照合、それにフロアリミット（売場承認限度額、事前の販売承認を得なければならない最少金額）を超えた場合の電話によるオーソリゼーション（販売承認）に限られていた。

当時はクレジットカードを持っていることそれ自体が大きなステータスであり、持っている人は非常に限られていたことから、カードの提示とカード売上票とのサイン照合が最大のセキュリティチェックであった。当時すでに、一部で出回っていた偽造カードや変造カードについての対策は、マーチャントに配布された"マニュアル"や"手引き"などによる、目検の真正カードと偽造カード（変造カード）のチェックによって行われていた。

1980年代になると、アメリカやイギリス、オーストラリアなどで本格的に銀行など金融機関が発行するATMカードによるオンラインデビットカード（図表9）の普及が始まり、次いでVisaやMastercardのネットワークを共有するオフラインデビットカード（ブランドデビットカード）（図表10）が登場し、拡大することになる。カード不正は、クレジットカードのみならずデビットカードを含むペイメントカードの不正となった。

1970年代から1980年代にかけて、クレジットカードの普及が進み、クレジットカード不正のみならず、カードホルダー自身によるカード乱用からもカード会社が損害を被るようになったため、フロアリミットの段階的な引き下げがアメリカやヨーロッパを中心に先行して行われるようになった。これに伴い、電話によるオー

ソリゼーション（テレホンオーソリ、2リングオーソリ）による販売承認を求める機会が増えていった。1980年当時、日本のクレジットカードのフロアリミットは基本的に10万円で、欧米並みの100ドル（当時のレートで約2万円）へのフロアリミット引き下げは行われていなかったために、欧米を中心とする海外から不正カードが日本に流れ込み、日本のカード加盟店がカード詐欺師などの犯罪者のターゲットにされた時期もあった。

こうしたフロアリミットの引き下げに伴い、マーチャントからの電話によるオーソリゼーションが急激に増加し、これによるマーチャントやカード発行機関の事務コストが増大していた。この増大する電話によるオーソリゼーション対策と全件オーソリゼーションを行うことによるセキュリティの向上を図ることを目的に、クレジットカードの磁気化とPOSカード決済端末機の導入が欧米から広まっていった。欧米のPOSカード決済端末機の導入には、ATMの普及拡大に伴い、磁気カードのATMカードの発行やオン・オフのデビットカードの取り扱いの開始による影響もあった。

(2) カード不正・犯罪の進化（1980年〜2020年）

1980年代に入ると、VisaやMastercardといったサードパーティのクレジットカードやデビットカードがアメリカやイギリスのみならず、先進国で急速に拡大を始め、カード不正も急速に増えていくことになる。

（図表11）は、1980年代から2020年に至るまでの40年間におけるカード犯罪の進化を、「1980年代」、「1990年代」、「2000年代」、「2010年代」、「2015年頃」、「2020年（現在）」の6つの時代に区切り、「詐欺師」「対象」「主要な詐欺の種類」「対象となるペイメントの種類」「必要なリソース」ごとに示したものである。

○ 1980年代

1980年代のクレジットカード不正は、まだ犯罪者の組織化が十分に行われておらず、個人として不正を働く詐欺師によるカードホルダー個人を狙った不正が主流であった。

1980年代には、クレジットカードの磁気化とPOSカード決済端末機の設置により、カードの紛失や盗難を起因とするクレジットカードの不正は、一時減少する兆候を見せていた。しかし、アメリカのクレジットカード犯罪者は、このカードの磁気化とPOSカード決済端末機のセキュリティホールとして、当時のCNP決済であるMO/TO（メールオーダー、テレフォンオーダー）の通販におけるクレジットカード決済にまず狙いをつけた。通販におけるクレジットカード決済は、現在のEコマースにおけるクレジットカード決済と同様CNPで、実物のカードをPOSカード決済端末機で読み取ることができず、電話や郵便でカード番号、カード有効期限などを聞き取る方法で行われていた。当時のアメリカのクレジットカード専門誌である『Credit Card Management』誌では、こうしたMO/TOの通販におけるクレジットカード犯罪対策の特集が度々組まれていた。

カード裏面のサインパネルに記された3桁の数字であるCard Verification Number（CVN）カードセキュリティナンバーは、この時のMO/TOの通販におけるCNPのクレジットカード不正対策の1つであったが、現在CVNはEコマースのCNPの不正対策に活かされている。

○ 1990年代

磁気カード化したクレジットカードが一般化した1990年代のカード不正の犯罪行為は、ほぼそれぞれの国内に限定され、数人から数十人の犯罪者チームにより、スキマーなどの機械を用いてカードの情報を盗み取り、これらのカード情報を用いて偽造カードを大量に製造してこれを使用して不正利得を得るといったカー

（図表8）1970年代初期のマスターチャージカード（現Mastercard）

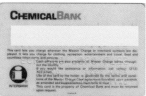

（図表9）金融機関が発行するATMカードによるオンラインデビットカード

（図表10）バンクオブアメリカのオフラインデビットカード

ド犯罪が増加した。こうしたカード不正（犯罪）のターゲットは、カードホルダーといった個人のみならず、主に中小企業（Small and Medium-sized Enterprise）のマーチャントが狙われるようになった。この時代までは、カード犯罪に対しては、国内での捜査機関との連携や犯罪を処罰する法制化がそれなりに効果を上げることができていた。

　クレジットカード犯罪者達（クレジットカード犯罪者チーム）は、磁気カードのセキュリティの脆弱性を見抜き、チームでスキミングと磁気カードの偽造を行うクレジットカード不正行為が1990年代の後半頃から急増していった。この時、日本のクレジットカード業界も少なからずこのスキミングと磁気カードの偽造によるカード不正被害を受けてきた。1997年から当時の社団法人日本クレジット産業協会が正式にカード不正の損害額の統計データを取るようになり、現在に至るまで、毎年カード不正の損害額の統計データを公表している。クレジットカード偽造による日本の損害額は1998年の12億円からピークの2003年の164億4,000万円へと6年間で13倍以上増加している。こうしたカード偽造によるカード不正の増大に対するカード業界の積極的な取り組みが、2001年7月の偽造カードに関する処罰規定が整備された刑法の一部を改正する法律（いわゆる"カード犯罪防止法"）の施行や2003年4月の専門部署の設置などによる取り締まりの強化につながっていった。

クレジットカードのスキミングの歴史

　1980年代には、POSカード決済端末機を用いてカード情報を盗み取るスキミング犯罪が登場している。15年後の1995年には、POSカード決済端末機にスキミングを可能とする基盤を密かに仕掛け、カード情報を盗み取る仕掛け型のスキミング犯罪が登場している。7年後の2002年には、仕掛け型のスキミング犯罪と同様に、POSカード決済端末機にスキミングを可能とする基盤と送信機（トランスミッター）を密かに仕掛け、カード情報を盗み取る無線方式のスキミングが登場している。さらに1年後の2003年にはコンタクトレス方式のスキミングが登場している。

○ 2000年代

　2000年代のクレジットカード不正では、インターネットの普及に伴い、個人情報の盗難、フィッシング、初歩的なデータの侵害などのデジタル犯罪が増加している。1990年代の犯罪チームから2000年代は犯罪組織（Ring）へと拡大し、不正行為は国内にとどまらず、国境を越え始めた。その不正のターゲットは、消費者や中小企業のカード加盟店ばかりか、大規模小売業者にも広がっていった。

　磁気カードのセキュリティの脆弱性により1990年代後半から2000年代にかけて急増したクレジットカード偽造などの対策を図るため、磁気カードより強固なセキュリティを確保するため、イギリスなどヨーロッパを中心に、EMVというカード・金融業界独自のスタンダードが制定され、2000年代中頃から、クレジットカードのみならず、デビットカードやATMカードなどの磁気カードのICカード化とPOSカード決済端末機とATMという2つのデバイスのICカード化の取り組みが始まった。

　EMVとは、EuropayのE、MastercardのM、VisaカードのVの3つのカード発行機関の頭文字を表している。なお、EMVスタンダードのICカード化に際しては、1990年代中頃にすでにカード不正に悩まされていたフランスが、独自のスタンダードのICカードを用いたナショナルベースのICカード化を世界に先駆けて導入していた。ICカードとPINによりカード不正を見事に抑え込んだ成功事例が1つの参考とされ、EMVスタンダードの金融ICカードへと繋がった。

　EMV ICカード化によるカード不正対策にも、2つのセキュリティホールがあった。
・イギリスなど特定の国がいくらEMV ICカード化（カードのICカード化のみならずPOSカード決済端末機やATMなどのデバイスのICカード対応）を多額のコストを掛けて推進しても、他国でのEMV ICカード化が遅れていると、海外の発行カードの偽造カードが流入し、カード不正が行われ、また、自国のカード会社のBINコードで作成された偽造カードによって海外で不正が行われ

（図表11）カード犯罪の進化（1980年〜2020年）

年代	詐欺師	対象	主要な詐欺の種類	対象となるペイメントの種類	必要なリソース
1980年	個人の犯罪	消費者	紛失／盗難	トラベル&エンターテイメントカード	機会主義 Opportunism
1990年	チームによる犯罪	消費者、SME（Small and Medium-sized Enterprise、中小企業）	国内、偽造／スキミング	プレミアムクレジットカード	初歩的な知識
2000年	犯罪リング	消費者、大規模小売業者	個人情報の盗難、フィッシング、初歩的なデータの侵害	マスマーケットクレジットカード	技術的ノウハウ
2010年	グローバル犯罪組織	消費者、中小企業／大規模小売業者、カード発行銀行、ペイメントプロセッサー	国境を越えたデータの侵害、CNP詐欺、3Dセキュア詐欺、ATM詐欺、個人情報の盗難	全てのカードタイプ：クレジットカード、デビットカード、プリペイドカード	大胆さ、技術的専門知識、インサイダー情報、グローバル接続
2015年	分散型組織を備えたグローバル犯罪組織	消費者や小売業者、プロセッサー、ペイメントサービス・プロバイダー、オンラインマーチャントサービスプロバイダー、オンライン予約機関、支払い業界	国境を越えたデータの侵害、CNP詐欺、詐欺の紛失および盗難個人情報盗難のファーミング、ハッキング	全てのカードタイプ：クレジットカード、デビットカード、プリペイドカード、銀行口座、アプリオンラインバンキング	大胆さ、技術的専門知識、インサイダー情報、グローバル接続
2020年	分散型組織を備えたグローバル犯罪組織	消費者、小売業者、処理業者、支払いサービスプロバイダー、オンライン商人サービスプロバイダー、オンライン予約機関、支払い業界 ASPSP、PISP	国境を越えたデータの侵害、CNP詐欺、紛失および盗難詐欺、デジタルID盗難ファーミング、ハッキング、顧客なりすまし	全てのカードタイプ：クレジットカード、デビットカード、プリペイドカード、銀行口座、アプリモバイルバンキング、デジタルアイデンティティ	大胆さ、技術的専門知識、インサイダー情報、グローバル接続、デジタルID、複数のタッチポイントからの消費者データ

出典：VISA Europe、European Fraud Report – Payment Industry Challenges

てしまうのである。このセキュリティホールの対策は、EMV スタンダードの IC カード化のグローバルレベルの実現であった。EMV IC カード化が最も遅れていたアメリカで、ようやく 2010 年代中頃から EMV IC カード化が始まり、2015 年にはアメリカでライアビリティシフト（債務責任の転嫁）が始まり、偽造カードによる被害がグローバルベースで大きく削減されていった

・EMV IC カード化によるカード不正対策が無力なのが、実際のカードが加盟店の店頭で提示されずにカード決済処理が行われてしまう CNP 不正である。磁気カード化が始まった 1980 年代後半から 1990 年代にかけても CNP 分野でカード不正が増大したが、当時の CNP の中心は MO/TO の通販であったが、2000 年代の CNP の中心は、インターネットの E コマースやモバイルフォンによる M コマースに移っていた。またその取り扱い額もかつての MO/TO の比ではないほど大きく拡大した。広義のカード決済は E コマースや M コマースにとってもクレジットカード業界にとっても不可欠なものとなっていた。

> インターネットが急速に普及し、カードによるオンライン決済が急増し始めた 2000 年代には、犯罪シンジケートによる社会保障番号などの個人情報の ID 窃盗や、ペイメントカード情報を偽造ウェブサイトなどを通じて盗み取るフィッシング（Phishing）詐欺などが横行している。こうして得た情報による E コマースにおける CNP のカード不正が増加した。

○ 2010 年代

2010 年代には、カード詐欺師の一部はグローバルな犯罪集団を組織化し、グローバルベースのカード不正が拡大している。カード不正のターゲットは、消費者であるカードホルダーや中小企業／大規模小売業者、イシュアー、カードプロセッサーにも及んでいる。カード不正のターゲットも、クレジットカードやデビットカードのみならず、バリューのリロードが可能なオープンループのオンラインプリペイドカードといったあらゆるペイメントカードに及んでいる。2010 年代のカード詐欺師とその犯罪組織には、大胆さ、技術的専門知識、インサイダー情報、グローバル接続などが必要とされている。

○ 2015 年頃

今から 5 年ほど前の 2015 年頃には、カード詐欺師の一部は分散型組織を備えたグローバル犯罪組織へと拡大を図っている。カード不正（犯罪）のターゲットは、消費者や小売業者、ペイメントプロセッサー、ペイメントサービス・プロバイダー、オンラインマーチャントサービスプロバイダー、オンライン予約機関、ペイメント業界全般に及んでいる。全てのカードタイプ（クレジットカード、デビットカード、プリペイドカード）が狙われていることはもちろん、口座乗っ取りによる銀行口座、オンラインバンキング、モバイルバンキングが詐欺師の新たなターゲットとなっている。2015 年頃は 2010 年代と同様、カード詐欺師や犯罪組織には、大胆さ、技術的専門知識、インサイダー情報、グローバル接続などが必要とされている。

○ 2020 年

2020 年のカード詐欺師の一部は、分散型組織を備えたグローバル犯罪組織へと拡大を図っている。1980 年代までのカード不正は、一匹狼の犯罪者や詐欺師によるカードホルダーである消費者を狙った、紛失・盗難カードの悪用がその主流を占めていたが、1990 年代から詐欺師のチーム化が始まり、2000 年代には犯罪者は組織化と国際化を進め、デジタル犯罪やインターネット犯罪を可能にするテクノロジーを吸収している。

カード不正のターゲットは、従来の消費者や小売業者、ペイメントプロセッサー、ペイメントサービス・プロバイダー、オンラインマーチャントサービスプロバイダー、オンライン予約機関のほか、ヨーロッパの PSD2（Payment Service Directive 2、第 2 次決済サービス指令）で新たに定義された "ASPSP"（Account Servicing Payment Service Provider、銀行や電子マネー事業者、決済サービス事業者などの口座保有型決済サービス提供者）や "PISP"（Payment Initiation Services Provider、決済支図伝達サービス提供者；顧客の意思に基づいて、銀行などの金融機関に対し、決済や資金移動を指図するサービス提供者）などを含むペイメント業界全般に及んでいる。

カード不正のターゲットも、2015 年頃から引き続き、クレジットカード、デビットカード、プリペイドカードなどの全てのペイメントカードのほか、口座乗っ取りによる銀行口座、オンラインバンキング、モバイルバンキングが詐欺師の新たなターゲットとなっている。2020 年では、2010 年代や 2015 年頃と同様、カード詐欺師や犯罪組織には、大胆さ、技術的専門知識、インサイダー情報、グローバル接続などが必要とされ、さらに複数のタッチポイントからの消費者データへの不正なアクセスを可能としている。

> 高度情報化社会を実現した欧米や日本などのアジアの先進地域では、国や地域を超えた国際犯罪シンジケートによるクレジットカードのみならずデビットカードやプリペイドカードなどあらゆるカードを対象に銀行・カード会社、プロセッシング会社といった組織や機関を狙ったカード犯罪のリスクにさらされている。こうした国際犯罪シンジケートは、カード不正（犯罪）に関する専門の高度な IT テクノロジーやグローバルなコネクションを必要としている。

（3）イギリスにおけるカード不正対策の歩み（2002 年〜）

イギリスは、アメリカと同様、クレジットカードを中心とするペイメントカードの不正に悩まされ続けてきた。そうしたイギリスでは、ここ 20 年の間に、金融業界を挙げて、いろいろな不正対策に取り組んできた。（図表 12）は、UK FINANCE によるイギリスにおける 2000 年からのおよそ 20 年間のカード不正対策の歩みを示したものである。

なお、UK FINANCE は、2017 年 7 月に結成されたイギリスの銀行および金融サービス部門の業界団体で、銀行などの決済関連サービスを提供するイギリスの約 300 もの企業を代表している団体である。

・2002 年にカード犯罪とペイメント犯罪の背後にある組織犯罪グループを対象とする専門の警察ユニットである DCPCU（The Dedicated Card and Payment Crime Unit）が設置された。

・2006 年には、EMV スタンダード IC カードへの切り替えに伴い、"Chip & PIN" キャンペーンが行われた。

・2008 年には、ハイセキュリティシステムの不正情報共有システム（The Fraud Intelligence Sharing System）により、銀行業界などの金融業界は、不正に関する情報を法執行機関と共有することができるようになった

・2010 年には、詐欺インテリジェンスとデータ共有のハブで、金融業界へ即座に警告し、警察と協力して組織犯罪グループを特定することができる FFB（Financial Fraud Bureau、金融詐欺局）を設立した

・2010 年には、CNP ベースのオンラインペイメントのソリューションである 3-D セキュアの展開がスタートした

・2015 年には、銀行業界とイギリス国家犯罪対策庁とのパートナーシップにより、他の方法では不可能な方法で銀行が情報を共有できるようにすることを可能とし、マネーロンダリングに取り組むことを目的としている JMLIT（Joint Money Laundering

Intelligence Taskforce、共同マネーロンダリングインテリジェンスタスクフォース）を設立した

・2015 年には、詐欺師が被害者をだまして、銀行に話しかけているものと信じ込ませるために悪用された電話詐欺の横行に対し、金融業界、警察、通信プロバイダーによる一連の措置を行うことにより、電話詐欺をシャットダウン（封じ込め）することができた

・2016 年には、JFT（Joint Fraud Taskforce、共同詐欺タスクフォース）を設置し、政府や警察と協力して不正を取り締まり、単一の組織やセクターだけでは管理するのが難しいと考えられている問題に取り組んでいる

・2016 年には、消費者が金融不正の被害を被ることを防ぐのに役立つアドバイスを提供する全国キャンペーンである "5 つの施策" を実施し、個人情報やお金を求める電話、テキストメッセージ、または電子メールを受け取ったときはいつでも立ち止まって考えるよう人々に注意を促している

・2017 年には、銀行支店のスタッフが、顧客が詐欺の被害の疑いがある場合、警察に連絡し、支店において即座に対応できるようにする画期的な迅速な対応スキームである銀行プロトコル（The Banking Protocol）を展開し、これまでに約 3,700 万ポンド（約 51 億円）の詐欺を防ぎ、詐欺師 336 人の逮捕につながった

・2017 年には、第 2 次 "5 つの施策" を実施し、「私のお金？」というフレーズを覚えておくように促すことで、人々が自信を持って不正な情報による金銭の要求に対抗できるようにサポートしている

・2018 年には、認定されたプッシュペイメント（Push Payment）詐欺の被害者が必要なサポートを受けられるようにするために、24 時間年中無休で不正・詐欺管理のトレーニングを受けた専門スタッフへのアクセスが可能である「ベストプラクティス基準」を実施した

・2018 年には、銀行はアカウント間を移動する疑わしい資金移動を追跡し、盗まれたお金を素早く追跡できるようになる MITS（Mule Insights Tactical Solution）を新たに導入している

・2018 年には、銀行が顧客にメッセージを送信するために使用する送信者 ID を登録できるようにすることで、詐欺テキストをブロックすることを目的とした新しいシステムである "テキストスプーフィングブロッカー"（Text Spoofing Blocker）を新たに導入した。この試みは、銀行、モバイルネットワーク事業者、メッセージング業界の間のコラボレーションであるテキストスプーフィングブロッカーのトライアルである

・2019 年には、ヨーロッパの新しい PSD2（Payment Services Directive2、第 2 次決済サービス指令）の SCA（Strong Customer Authentication、確実な顧客認証）が 9 月に発効された。SCA は、一定の要件のもと、ペイメントサービス・プロバイダーは、高価値でリスクの高いトランザクションに、ワンタイムパスコードやバイオメトリクスなどの多要素認証（Multi-factor authentication）を使用する必要がある

図表 12）イギリスにおけるカード不正対策の 20 年（2000 年〜）

年	項目	内容
2002 年	DCPCU の設置	カード犯罪とペイメント犯罪の背後にある組織犯罪グループを対象とする DCPCU（The Dedicated Card and Payment Crime Unit）は、金融業界が全面的に支援する専門の警察ユニットである。DCPCU は、これまでに推定 5 億 4,000 万ポンド（約 756 億円）もの金融不正を防いだ
2006 年	"Chip & PIN" への切替え	イギリスのクレジットカードやデビットカードなどのペイメントカードのトランザクション承認は、署名（サイン）ではなく、"Chip & PIN" の承認へ完全に切り替えられた。2017 年の偽造カード詐欺による損失は、2008 年のピークから 86% 減少している。同じ安全な IC カードのテクノロジーである EMV スタンダードが非接触型決済（コンタクトレス）ペイメントを支えている
2008 年	不正情報共有システムの確立	このハイセキュリティシステムの不正情報共有システム（The Fraud Intelligence Sharing System）により、銀行業界などの金融業界は、不正に関する情報を法執行機関と共有することができるようになった
2010 年	FFB を設立	詐欺インテリジェンスとデータ共有のハブである FFB（Financial Fraud Bureau、金融詐欺局）は、銀行やカードのデータの既知の侵害に関し、金融業界へ即座に警告し、警察と協力して組織犯罪グループを特定する
2010 年	3-D セキュアの展開	3-D セキュアのテクノロジーは、顧客がインターネットでカード決済を行うときに、セキュリティの追加レイヤーを提供する E コマースや M コマースのオンラインペイメントの CNP（Card Not Present）不正対策システムである
2015 年	JMLIT を結成	JMLIT（Joint Money Laundering Intelligence Taskforce、共同マネーロンダリングインテリジェンスタスクフォース）は、銀行とイギリス国家犯罪対策庁とのパートナーシップにより、他の方法では不可能な方法で銀行が情報を共有できるようにすることを可能とし、マネーロンダリングに取り組むことを目的としている
2015 年	電話詐欺の封じ込め	詐欺師が被害者をだまして銀行に話しかけていると信じ込ませるために悪用された電話詐欺の横行に対し、金融業界、警察、通信プロバイダーによる一連の措置を行うことにより、電話詐欺をシャットダウン（封じ込め）することができた
2016 年	JFT スタート	金融業界は、JFT（Joint Fraud Taskforce、共同詐欺タスクフォース）により、政府や警察と協力して不正を取り締まり、単一の組織やセクターだけでは管理するのが難しいと考えられている問題に取り組んでいる
2016 年	不正防止キャンペーンの "5 つの施策" の実施	消費者が金融不正の被害を被ることを防ぐのに役立つアドバイスを提供する全国キャンペーンである "5 つの施策" は、個人情報やお金を求める電話、テキストメッセージ、または電子メールを受け取ったときはいつでも立ち止まって考えるよう人々に注意を促している
2017 年	銀行プロトコルをイギリス全域に展開	銀行プロトコル（The Banking Protocol）は、銀行支店のスタッフが、顧客が詐欺の被害の疑いがある場合、警察に連絡し、支店において即座に対応できるようにする画期的な迅速な対応スキームで、これまでに約 3,700 万ポンド（約 51 億円）の詐欺を防ぎ、詐欺師 336 人の逮捕につながった
2017 年	政府の詐欺防止キャンペーンの "5 つの施策" に参加	内務省は "5 つの施策" の第 2 フェーズを支援し、「私のお金？」というフレーズを覚えておくように促すことで、人々が自信を持って情報の要求に挑戦できるようにサポートする
2018 年	ベストプラクティス基準の実施	APP（Authorized Push Payment Fraud、承認されたプッシュペイメントの不正）の被害者が、必要な支援を受けられるようにするために、新しいベストプラクティス基準（Best Practice Standards）には、苦情処理するために 24 時間年中無休で詐欺管理のトレーニングを受けたスタッフへのアクセスが可能である
2018 年	MITS の導入	新たに導入された MITS（Mule Insights Tactical Solution）には、アカウント間を移動する疑わしい資金移動を追跡する新しいテクノロジーが導入され、銀行は盗まれたお金を素早く追跡できるようになる
2018 年	テキストスプーフィングブロッカーのトライアル	テキストスプーフィングブロッカー（Text Spoofing Blocker）のトライアルは、銀行が顧客にメッセージを送信するために使用する送信者 ID を登録できるようにすることで、詐欺テキストをブロックすることを目的とした新しいシステムである。この試みは、銀行、モバイルネットワーク事業者、メッセージング業界の間のコラボレーションである
2019 年	PSD2 の SCA の発効	新しい PSD2（Payment Services Directive2、第 2 次決済サービス指令）の SCA（Strong Customer Authentication、確実な顧客認証）が 9 月に発効され、ペイメントサービス・プロバイダーは、高価値でリスクの高いトランザクションに、ワンタイムパスコードやバイオメトリクスなどの多要素認証（Multi-factor authentication）を使用する必要がある

出典：UK FINANCE の HP、DCPCU の HP

3、デジタル ID に対する不正攻撃

ヨーロッパのペイメントカード不正とオンラインペイメント不正に関するレポートである『European Fraud Report - Payment Industry Challenges』によると、ヨーロッパでは、次のような 4 つのペイメントカード不正やオンラインペイメント不正の傾向が見受けられる。

> ・EMV スタンダードの IC カードの普及により、カード偽造不正が大きく減少している
>
> ・EMV スタンダードの IC カードがまだ実装されていない国やエリアで発行されたペイメントカードによる不正が増加している
>
> ・CNP の不正は大きく増加している
>
> ・組織犯罪による犯罪活動は、セキュリティの弱いセクターやプロセッシングのインフラストラクチャ、およびそれらの環境をターゲットとしている

EMV スタンダードの IC カードが普及するにつれ、カード偽造などの従来型のカード不正は行き詰まっている。今日のカード不正の多くは、国際レベルで活動している詐欺師が組織化され、犯罪集団となって行っているものだ。組織化された詐欺師は、E コマースのオンライン決済といった CNP 決済が行われているビジネスをターゲットとしている。インターネット上の不正・詐欺は、詐欺師にとって逮捕されにくい安全な空間での犯罪活動となっている可能性があり、従って詐欺師を起訴するのが難しいため、詐欺師にとって CNP におけるカード不正は、リスクの低い犯罪行為となっている。

CNP 不正を実行する詐欺師とその犯罪集団は、消費者のデジタル分野における行動をつぶさに観察し、常に最も弱いリンクと、より多くの犯罪収益を上げることができる新しい方法をサーチしている。実際、詐欺師やサイバー犯罪者によって個々の消費者のデジタル ID は常に狙われている。ヨーロッパでは、ソーシャルエンジニアリングとデータ侵害による個人データと財務データの窃盗は、2018 年の不正損失の主な原因であったといわれている。

こうした盗まれたデジタル ID を含む個人データは、直接的および間接的に不正・詐欺を行うために用いられている。例えば、盗まれたカードデータは、オンラインで不正な購入を行うために用いられ、デジタル ID を含む個人データは銀行口座などの ATO（アカウント乗っ取り）や、他人の名前でクレジットカードを申請したりするために利用されている。詐欺師とその犯罪集団は、デジタル ID を含む個人データと財務データを利用して相手を騙し、個人について取得した情報を利用して、詐欺行為に明らかな "信頼性" を加えている。

従来の偽造パスポートなどの偽造された身分証明書（ID）は、セキュリティエリアへのアクセスなど行政機関とのやり取りにおいて犯罪行為に用いられてきた。今日でも、多くの偽造された身分証明書は、これらの虚偽の文書の作成において実在する人物の身元が用いられている。個人情報は、さまざまな方法で密かに悪意のある第三者によって取得される可能性があり、一般にこれは "個人情報の窃盗" と呼ばれている。

詐欺師は、盗み取った他人の名前、住所、ユーザー名、PIN など基本的な個人情報を用いて、銀行口座、電子メール、ソーシャルメディアアカウントなどの被害者のオンラインアカウントにアクセスする可能性がある。このような不正なアクセスは、ターゲットの人物に関するさらなる個人情報を盗み取ることを目的としていることが多い。盗み出した個人情報は、クレジットカードアカウントをオンラインで開設したり、ローン契約をオンラインで締結したりするなど、不正に使用される可能性が大きい。

こうした ID 不正（Identity Fraud）とは、悪意のある詐欺師などが、他人の個人情報を許可なく使用して、不正や犯罪を犯したり、他人や第三者を欺いたりすることである。ほとんどの ID 不正は、被害者のクレジットカード、銀行、またはローンの口座へのアクセスなど、金銭上の利得のコンテキストで行われる。

（図表 13）は、『European Fraud Report-Payment Industry Challenges』による、カード不正やオンライン不正など、消費者や企業のデジタル ID に対する多種多様な攻撃機能を「Payment Fraud 不正な支払い」のほか、「Location Manipulation 場所の操作」や「Threats & Bots 脅威とボット」、「Identity Fraud なりすまし詐欺」、「Device Spoofing デバイスのなりすまし」といった 5 つのカテゴリ別に示したものであり、消費者や企業のデジタル ID に侵入するために用いられる攻撃機能の新たなポートフォリオを示している。

こうした消費者や企業のデジタル ID に対する多種多様な攻撃機能の中から、Location Manipulation（場所の操作）のカテゴリの "IP Spoofing"（IP スプーフィング）攻撃と Identity Fraud（なりすまし詐欺）のカテゴリの "Mules"（ミュール）詐欺を紹介する。

○ IP Spoofing（IP スプーフィング）

IP Spoofing は、Location Manipulation（操作場所）におけるデジタル ID 攻撃ツール・ID 攻撃機能の 1 つである。

・悪意のある攻撃者（詐欺師）は、1 つのデバイスで価値のないエンゲージメント（クリック、盗まれた情報のフォーム入力など）を生み出す。ただし、同じデバイスと Cookie からの大量のアクティビティは、詐欺として簡単に検出することが可能である。広告主を騙すために、悪意のある者はブラウザとオペレーティングシステム（OS）をスプーフィング（Spoofing）し、Cookie をリセットして、1 つのデバイスが多くのデバイスになりすますことを可能にする

・"IP アドレススプーフィング" とも呼ばれる IP スプーフィングとは、IP 通信において、送信者の IP アドレスを詐称し、別の IP アドレスに「なりすまし」を行う攻撃手法のことを指す。IP スプーフィングは、ハッキングやサイバー攻撃の 1 つでもある

・IP 通信において、不正アクセスを防止する観点からポリシーに基づくフィルタリングを行うケースは多くあり、その場合、「特定の IP アドレスからの接続のみ可能」といったアクセス制限が施されている場合がある

・このようなアクセス制限が施されている状況下にあっても、送信元 IP アドレスを詐称することができれば、容易にアクセス制限を迂回できてしまうため、攻略対象システムへの不正アクセスを成功させる可能性が高まる

○ Mules（ミュール）

Mules（ミュール）詐欺は、Identity Fraud におけるデジタル ID 攻撃ツール・機能の 1 つである。Mules とは騾馬（ラバ）の意味で、Mules 詐欺は、"Money Mules"（マネーミュール）とも呼ばれている。

・Mules 詐欺は、不正に取得したお金を資金の転送サービスを介して、または電子的に資金を送金するサービスを介して、主として外国へ犯罪収益などを移動させる犯罪行為である

・Mules 詐欺は、金銭や商品を騙し取り、Mules を使って騙し取った金銭や商品を第三者に譲渡し、犯罪の被害者や取り締まり当局から詐欺師の "正体" と "場所" を隠す

・Mules の詐欺師は、オンラインで仲介する人物である Mules を騙してリクルートする。一般的に、Mules は "Payment Processing Agents"（支払い処理業者）、"Money Transfer Agents"（送金業者）、"Local Processors"（ローカルプロセッサー）のほか、同様の肩書きにより、オンラインの求人広告などで騙して募集される

・騙されてリクルートされた者は、扱うお金が犯罪の産物であることに気付かずに、合法的な雇用であると考えていることが多い
・騙されてリクルートされた Mules は、資金を受け取り、比較的少額のお金を差し引いた後、指定された第三者に送金または商品を送付するよう求められる
・このようにして、Mules には、送金されたお金のごく一部が違法な資金移動に対する対価として支払われる

・詐欺師が不正に得たお金は、Mules の口座から、通常は別の国の詐欺師の口座へ送金され、同様の手法を用いて、違法な商品を転送する
・このように、Mules は、Western Union や MoneyGram などの送金サービスを用いることにより、詐欺師が可逆的に追跡可能なトランザクションを不可逆的で追跡不可能なトランザクションに変換することを可能にしている

（図表 13）デジタル ID に侵入するために用いられる攻撃ツール・機能

分類	攻撃ツール・機能
Payment Fraud 不正な支払い（決済）	Payment Fraud、不正な支払い Fake Policy Application、偽のポリシーアプリケーション Fake Loan Application、偽のローン申請 New Card Application、新しいカード申込 Illegal Money Transfer、違法な送金 Identity Takeover、ID の乗っ取り Seller Fraud、売り手詐欺 OFAC/AML、マネーロンダリング Loan Stacking、ローンスタッキング Gift Card Fraud、ギフトカード詐欺 Fraudulent Claims、不正請求 Tax Fraud Bust out（Loan）、脱税バストアウト（ローン） Fake Listing、偽のリスティング Loyalty Fraud、ロイヤルティ詐欺 Content Access、コンテンツアクセス Bonus Abuse、ボーナスの乱用
Location Manipulation 場所の操作	IP Spoofing、IP スプーフィング Geo Spoofing、ジオスプーフィング Rotating IP、ローテティング（回転）IP Proxy Anon、プロキシアノン VPN Anon、VPN アノン TOR（The Onion Router）、接続経路を相手にわからないようにできる匿名通信システム（または匿名化ツール） Dropbox Shipping、Dropbox の配送 Package Pickup、パッケージピックアップ
Threats & Bots 脅威とボット	Insider Recruitment、インサイダーリクルート（求人募集） Man in the Browser、ブラウザの男 Banking Malware、バンキングマルウェア Keylogging、キーロガー Low and Slow BOTS、低ボットと低速ボット Man in the Mobile、モバイルマン DDoS（Distributed Denial of Service）ネットワーク回線やサーバーの機能を占有する帯域飽和型のサイバー攻撃 Adv Persistent Threats、持続的標的型攻撃（サイバー攻撃の一分類であり、標的型攻撃の一種） Ransomware、ランサムウェア Remove Access Trojan、アクセス型トロイの木馬の除去 Simple/Mobile BOTS、シンプル / モバイルボット Spyware、スパイウェア Trojan Horse、トロイの木馬 Network Hacks、ネットワークハック Compromised E-mail、侵害された電子メール Session Tampering、セッションの改ざん
Identity Fraud なりすまし詐欺	Social Engineering、ソーシャルエンジニアリング Documentation Forgery、ドキュメントの偽造 Call Center Fraud、コールセンター詐欺 Credential Testing、資格情報のテスト Recipient Fraud、受信者の詐欺 Synthetic Identity、合成アイデンティティ Credential Replay、資格情報の再生 Salary Staging、給与のステージング Phishing、フィッシング Mules、ミュール Account Validation、アカウント検証 Card Testing、カードテスト Ghost Broker、ゴーストブローカー Identity Farms、アイデンティティファーム Identity Marketplace、アイデンティティマーケットプレイス
Device Spoofing デバイスのなりすまし	Malicious Apps、悪意のあるアプリ App Tampering、アプリの改ざん Jailbreak、脱獄 Session Hijack、セッションハイジャック Root Cloaking、ルートクローキング SMS Hijacking、SMS ハイジャック Device Cloning、デバイスのクローン作成 Session Replay、セッションリプレイ Device Posting Ghosting、デバイス投稿ゴースト Mobile App Vulnerability、モバイルアプリの脆弱性 Cookie Wiping、クッキーの拭き取り Remote Desktop、リモートデスクトップ Fraud fox/Autodetect、自動判別

4、個人情報窃盗（Identity Theft）

　"個人情報（ID）の窃盗"（Identity Theft）という言葉は、およそ 55 年前の 1964 年に、アメリカで生まれている。"個人情報の窃盗"は、21 世紀で最も蔓延している犯罪の 1 つといわれている。"個人情報の窃盗"は、他人の個人情報を利用して金銭を盗んだり、その他の利益を得たりする不正や詐欺の一種である。"個人情報の窃盗"は、従来の盗難や強盗といった犯罪とは異なり、被害者が事故にほとんど気付いていないため、被害者にとってより深刻な被害をもたらすことがある。"個人情報の窃盗"の定義は、『個人を特定できる情報の窃盗』としてアメリカとイギリスにおいて法的に定義されてきた。

　この「個人を特定できる情報」には、個人の名前のほか、生年月日や社会保障番号（Social Security Number）、パスポート番号、納税者番号、医療保険番号、運転免許証番号（Drive License Number）、銀行口座（Bank Account）、クレジットカードやデビットカードなどのペイメントカードのカード番号、PIN、指紋、パスワード、電子署名（Digital Signature）、または個人の財務情報へのアクセスに使用できるその他の情報が含まれる。

（図表 14）"個人情報の盗難"（Identity Theft）の主な手法

フィッシング（Phishing）詐欺	・フィッシング（Phishing）詐欺は、最も広く知られているオンライン詐欺のひとつであり、偽の Web サイト、電子メール、インスタントメッセージを作成して、ユーザーを誘惑し、個人情報を提供させる手法である ・フィッシング（Phishing）という用語は、攻撃者が餌を投げ（複数の電子メール）、潜在的な被害者・犠牲者（Fish、魚）を誘惑するシナリオを表す「釣り（Fishing）」という言葉に由来している ・詐欺師は、機密情報にアクセスするための正当な電子メールまたは Web サイトを装ったサイバー攻撃を行い、個人情報を盗み出す ・フィッシング（Phishing）の詐欺師は、多くの場合、警戒心を和らげる戦術や緊急の要求を行い、被害者に速やかな応答を促す ・被害者は、詐欺師の偽の Web サイトが本物のサイトの著作権画像を使用するため、正当なサイトのように見え、個人情報盗難 Web サイトに誘導されてしまう ・詐欺師は、電子メール、テキストを送信し、または電話をかけてくる ・詐欺師は、リンクをクリックするか、添付ファイルを開くことにより、個人情報を「検証」または「確認」するように求める電子メール、またはテキストを送り付ける
ハッキング詐欺	・詐欺師は、コンピュータ、モバイルデバイス、またはネットワークのセキュリティ上の弱点を悪用して、情報にアクセスし、個人情報を盗み出す ・詐欺師は、企業や政府のアカウントをハッキングした際にも、個人情報を不正に入手する
リモートアクセス詐欺	・詐欺師は、騙してコンピュータにアクセスさせ、不要なサービスの料金を騙し取る
マルウェア詐欺	・詐欺師がファイルにアクセスし、何をしているかを追跡できるソフトウェアをインストールするように仕向け、個人情報を盗み出す
ランサムウェア詐欺	・詐欺師が、コンピュータまたはファイルのロックを行い、「コンピュータまたはファイルは永久に開かなくなる」と脅して、「ロックを解除」するために、お金の支払いを要求する
偽のオンラインプロファイル	・詐欺師は、ソーシャルメディアまたは出会い系サイトに偽のプロファイルを設定し、「友達」リクエストを送信する ・詐欺師は、ソーシャルメディアアカウントにアクセスし、家族や友人を騙すために本人になりすます
文書の盗難	・詐欺師は、鍵のかかっていない郵便受けに配達された公共料金の請求書や保険の更新、医療記録などの個人文書を通じて、あなたの個人情報にアクセスし、個人情報を盗み出す
プレテキスト（Pretexting）	・詐欺師は、プレテキスト（Pretexting）という方法を用いて、社会的相互作用、操作、および欺瞞を通じて個人情報を不正に取得する ・プレテキスト（Pretexting）は、詐欺師と被害者の間の直接の会話中に発生する ・情報セキュリティの連鎖において、被害者はその悪影響を知らずに、無意識に個人情報を詐欺師に提供してしまう
スパム（Spam）	・スパム（Spam）メッセージは、メッセージを求めていない多数の受信者に対して送信される電子メールメッセージのことで、"迷惑メール"とも呼ばれる ・スパム（Spam）メッセージは、通常、まとめて送信され、多くのスパムメッセージには、ほとんどが広告の性質を持つ欺瞞的なコンテンツが含まれている ・ユーザーが、スパム（Spam）メッセージによって提供された欺瞞的なコンテンツにアクセスすると、詐欺師の Web ページに誘導され、フォームに入力することで、被害者が自分の個人情報を提供してしまうことになる ・ユーザーが、スパム（Spam）メッセージに添付されたコンテンツをダウンロードしてしまい、コンピュータウイルスがコンピュータに侵入してしまう可能性がある ・その結果、コンピュータウイルスは、個人情報データ、クレジットカード情報などの重要な個人情報をコンピュータから盗み取る
SPim	・SPim は、スパイウェア、キーロガー、ウイルス、フィッシングサイトへのリンクなどのコンテンツを含むインスタントメッセージが送信されるスパム（Spam）メッセージのことである ・SPim 攻撃のもとは、メッセージスパムとも呼ばれる Whatsapp、インターネットメッセンジャー、Snapchat などのアプリケーションである ・これらのサービスは、ユーザーのソーシャルアカウントにリンクされているため、SPim による攻撃者はアカウントホルダーの情報にアクセスできるだけでなく、一方的なメッセージを送信することもできてしまう
SMiShing	・SMiShing は、フィッシング（Phishing）詐欺の変種であり、選択的なソーシャルエンジニアリング手法を通じて、詐欺 Web サイトにアクセスさせる SMS メッセージが被害者のスマートフォンに送信される ・SMiShing には、緊急のアラート、興味深いオファー、または賞品を伴う魅力的なフレームが含まれることがよくあり、中には、宝くじの当選に関する偽情報が含まれている場合もある ・SMiShing により、被害者は特定の Web サイトにアクセスし、被害者は無意識のうちにトロイの木馬、マルウェア、またはウイルスをダウンロードし、重要な個人情報を漏えいさせてしまう
ビッシング（Vising）	・ビッシング（Vising）は、電話で行われる詐欺的な犯罪行為であり、ソーシャルエンジニアリングを通じて個人情報を盗み出す手法の 1 つである ・ビッシング（Vising）という用語は、音声（Voice）とフィッシング（Phishing、なりすまし方法）という言葉を組み合わせたものである ・詐欺師は、特定の企業の従業員になりすまして被害者に電話をかけ、『疑わしい行為があなた（被害者）のアカウントで報告されている』と嘘をつき、被害者に重要な個人情報などのデータを開示するように求める
データ漏えい	・詐欺師は、企業または政府のアカウントの偶発的なデータ漏えいを通じてデータを取得し、データに含まれている個人情報を盗み出す

出典：Wiki、Trans Union の HP、他

○ "個人情報の窃盗" の手法

個人情報の窃盗は、それを悪用する者が、金銭的利益を得たり、信用やその他の利益を得たりする方法として、他の人の不利益や損失を引き起こすために、意図的に他人の身元情報を悪意で用いる行為である。"個人情報の窃盗" には、（図表 14）のような手法がある。

○ 個人情報を取得および悪用するための手法

個人情報の窃盗を行い、他人になりすます詐欺師は、それを偽装するために、個人を特定できる情報（氏名や生年月日、住所、など）、または個人を認証するために利用するさまざまな資格情報（PIN やパスワード、など）を盗み取って悪用する。個人情報の窃盗には、ゴミ箱をあさることから、コンピュータのハッキングまでたくさんの不正な手段があり、その主な方法は（図表 15）の通りである。

○ "個人情報の窃盗" 対策

"個人情報の窃盗" では、詐欺師は個人の身元情報を盗み取る前に、当該個人の個人情報を標的にする。APN（Australian Payments Network、オーストラリア・ペイメント・ネットワーク）によると、"個人情報の窃盗" が疑われる兆候には、注意を払う必要があり、"個人情報の盗難" に遭ったと思われる場合は、速やかに当該機関と連絡を取るなどの対応が求められるとしている。主な "個人情報の窃盗" 対策は次の通りである。

・他の人が推測するのが難しいパスワードを選択する
・全てのアカウントに同じパスワードを使用しない
・他の人とパスワードを共有しない
・知らない人や信頼できない人に送金したりしない
・クレジットカード、オンラインアカウントの詳細、個人文書のコピーを渡したりしない
・ウイルス対策ソフトウェアと優れたファイアウォールを使用し、ネットワークとデバイスを保護する
・個人情報へのアクセスを行う場合、公共のコンピュータや Wi-Fi ホットスポットを使用することは避ける
・メールボックスには、ロックをかける
・個人情報を含むドキュメントを破棄するときは、細断して破棄する
・疑わしいテキストやメールを開かないで、それらを削除する

（図表 15）個人情報を取得および悪用するための主な手法

・詐欺師は、ゴミ箱をあさり、捨てられたゴミの中から、悪用することが可能な個人情報を探し出し、個人情報を盗み取る アメリカでは、ゴミからたくさんの重要な個人情報を得るため衛生労働者に賄賂を贈ったという事件が複数発生している
・公共のダンプサイトで適切に消去せずに不注意に処分されたパソコンやサーバー、PDA、携帯電話、USB メモリスティック、ハードドライブなどの IT 機器やストレージメディアから個人データを探し、個人情報を盗み取る
・選挙人名簿などの公式登録簿に公開された、個々の市民に関する公的記録の中から、個人情報を盗み取る
・"スリ" や "住居侵入"、"郵便受けからの郵便物の抜き取り" などにより、クレジットカードやデビットカード、身分証明書、パスポート、認証トークンなどを盗み取る
・詐欺師は、クレジットカードプロセッサーに接続された電子デバイスを利用し、クレジットカード情報を盗み取り、クレジットカードを偽造する
・詐欺師は、個人情報を盗み出すため、銀行やカード会社などの金融機関の代理人になりすまし、個人情報を聞き出す
・詐欺師は、銀行やカード会社などの金融機関に偽の住所変更届を行い、金融機関に間違った住所に請求書などを送らせるようにする
・「母親の旧姓は？」、「最初の車のモデルは？」、「ペットの名前は？」など、アカウントの確認の際に求められることが想定される情報を聞き出す
・乗っ取られた POS カード決済端末機などを用いて、バンクカードまたはクレジットカードから情報をスキミングし、カードを偽造する
・コンタクトレスペイメント対応の POS カード決済端末機を利用して、RFID 対応のパスポートからワイヤレスでデータを取得する
・ショルダーサーフィン（Shoulder-Surfing）、またはエスピオネージ（Espionage）とは、フォームにパスワードを入力したり、ATM で PIN 番号を入力したり、スマートフォンでパスワードを入力したりするときなどに、PIN やパスワードなどの貴重な個人情報を盗み取る行為を指す これは、被害者を個人的に知っている人が行う一般的な方法で、被害者が重要な情報を入力するのを横から見て、重要な個人データを取得しようとするため、肩越し（ショルダーサーフィン、Shoulder-Surfing）と呼ばれている この手法は、パスワード、PIN 番号、セキュリティコード、および同様のデータを取得するために行われる
・メールボックス（Mail Box）の盗難は、個人情報を盗むための最も一般的で最も簡単な方法の 1 つで、外部からの侵入に対して十分に保護されていないメールボックスはたくさんあり、なりすまし詐欺師が簡単にアクセスし、マスターキーを使用してメールボックスを開くことが知られている
・名前、住所、社会保障番号（Social Security Number）、クレジットカード番号などの個人情報の公開、またはより限定的な開示を悪用し、個人情報を盗み取る
・偽の求人広告で履歴書や応募情報を集める 偽の求人に騙された応募者は、自分の名前、住所、メールアドレス、電話番号、場合によっては口座番号などの銀行情報の詳細を開示してしまうことがある
・インサイダーアクセスを悪用し、特権 IT ユーザーの権利を悪用して、雇用主のシステム上の個人データにアクセスする
・電子メール、SMS テキストメッセージ、電話、またはその他の形式の通信で、信頼できる組織になりすまし、被害者を騙して個人情報やログイン資格情報を偽の企業 Web サイトまたはデータ収集フォーム（Phishing、フィッシング）で開示させ、個人情報を盗み取る
・弱いパスワードをブルートフォース（Brute-force）攻撃し、インスピレーションによる当て推量などで、弱いパスワードを侵害する
・指紋認証を改ざんするため、指紋の鋳造物を入手して、指紋認証を破り、個人情報を盗み取る
・詐欺師は、ソーシャルネットワーキング Web サイトを閲覧し、ユーザーがソーシャルネットワーキング Web サイトに公開した個人情報を用いて、その後のソーシャルエンジニアリング活動でより信頼できるように見せかける
・銀行の取引明細やクレジットカードの明細書などの個人情報や資格情報を取得するために、被害者になりすまし、詐欺師が開設した新しいアカウントやクレジット契約の発見を遅らせるために、被害者のメールなどを迂回させる
・被害者本人のみならず、カスタマーサービス担当者、ヘルプデスクなどの担当者を騙して、個人情報やログイン情報の開示を求め、ユーザーのパスワードやアクセス権を変更したりするほか、口座番号や銀行コードなどの銀行情報を得るため、小切手の券面に記載された情報を盗み取る
・Facebook や MySpace などのインターネットのソーシャルネットワークで見つけた情報を使用して、社会保障番号（Social Security Number）を推測し、悪用する
・ソーシャルネットワーキングサイトで、簡単にクリックしてダウンロードできる写真は、セキュリティやプライバシー保護が低く、詐欺師はこれを狙う
・詐欺師は、ソーシャルネットワーク上で見知らぬ人と仲良くなり、個人情報が提供されるまで彼らの信頼を勝ち得るように努める
・ブラウザのセキュリティ違反やトロイの木馬のキーストロークロギング（Keystroke Logging）プログラムやそのほかの形式のスパイウェア（Spyware）などのマルウェア（Malware）を使用して、コンピュータから個人情報を盗み取る
・コンピュータネットワークやコンピュータシステム、データベースをハッキングし、大量の個人情報データを盗み取る

出典：Wiki、Trans Union の HP、他

・ソーシャルネットワークサイトで共有する個人情報の量には十分注意する。詐欺師はあなたの情報や写真を使用して、偽の ID を作成したり、詐欺であなたを標的にしたりすることがある

・見知らぬ人にコンピュータへのリモートアクセスを提供しない

・アカウントの詳細、パスポート、納税者番号、ライセンス、メディケア、またはその他の個人識別情報を詐欺師に提供したと思われる場合は、すぐに銀行、金融機関、またはそのほかの関連機関に連絡をする

・上記連絡に際しては、電話帳やオンライン検索などの独立したソースから連絡先を見つけるようにする

・送信されたメッセージに記載されている連絡先（メールアドレスや電話番号）には、連絡を入れない

○ Trans Union の個人情報の窃盗（Identity Theft）を防ぐ 7つの方法

　アメリカの三大クレジットビューローの 1 つである Trans Union（本社：イリノイ州シカゴ、設立：1968 年）（図表 16）は、個人情報の窃盗を防ぐ方法として、（図表 17）の 8 つの方法を挙げている。

（図表 16）Trans Union

TransUnion

5、フィッシング（Phishing）詐欺

　アメリカの大手クレジットビューローの TransUnion は、2020 年 6 月 30 日から 7 月 6 日までの間に、カナダ、コロンビア、香港、南アフリカ、イギリス、アメリカで 7,384 人の成人を対象に、COVID-19（コロナウイルス感染症）のパンデミック下における、不正・詐欺の被害状況に関する調査を行っている。その結果、32％が COVID-19 のパンデミックに関連するデジタル詐欺の標的にされているとレポートされている。また、（図表 18）の通り、その中で、"フィッシング（Phishing）詐欺" がトップのデジタル不正・詐欺スキームとされている。第 8 位には、"個人情報の窃盗" が、9 位には、"クレジットカードの盗難、または不正請求詐欺" が、12 位には、"アカウント乗っ取り（ATO、Account Take Over）詐欺" が入っている。

　フィッシング詐欺は、サイバー犯罪の最も古い方法のひとつである。フィッシング詐欺はソーシャルエンジニアリングの一形態で、その多くのテクノロジーは、ソーシャルネットワーキングサイトと公開情報源に依拠しているといわれている。

　フィッシング詐欺は、機密情報にアクセスするための正当な電子メールまたは Web サイトを装った一種のサイバー攻撃で、多くのフィッシング詐欺を行うハッカーは、捕まることなく個人情報などを盗み取ることができる高度なテクニックを用いている。

（図表 17）個人情報の窃盗（Identity Theft）を防ぐ 8 つの方法

個人の書類は自宅で安全に保管	・個人情報または電子ファイルを含む全ての個人文書、および PIN、パスワード、動的パスワードは、安全な場所に保管する必要がある ・自宅で安全に保管することは、見知らぬ人がアクセスできないようにするための最初のステップである ・キー付きのメールボックス（郵便受け）を使用し、できるだけ早く郵便物をメールボックスから取り出すようにする ・引っ越し後は、すぐに関連する郵便配達サービスや会社に住所変更通知を行う
個人用ドキュメントが不要になったら破棄	・個人情報や財務・資産情報を含む公式文書が不要になったら、完全に破棄するようにする ・ゴミ箱に捨てる前に、個人的な性質の文書が含まれていないことを常に確認する ・ハードディスクを完全に削除した場合でも、ハードディスクからデータを取得できるため、コンピュータのハードディスクを破棄・破壊することも肝要である
個人情報を投稿または共有する前によく考える	・ソーシャルメディアを利用することで、詐欺師は名前、年齢、生年月日、写真、家族の情報、学校、職種、そのほかの個人情報に簡単にアクセスできるようになる ・Web サイトごとに異なるパスワードとユーザー名を使用することが肝要である ・ソーシャルネットワークのプライバシーを設定し、見知らぬ人からの友達リクエストを受け入れないようにする ・ソーシャルメディアは、私たちの生活の重要な部分になっているが、必要以上に共有したり公開したりしないことが肝要である
コンピュータ、スマートフォン、タブレット端末を保護	・コンピュータには、常にウイルス対策ソフトウェアをインストールしておくこと ・Web サイトでアカウントを開設する際は、生年月日、電話番号、家族の名前などの個人データと関連のないセキュアなパスワードを使用する ・大文字、小文字、および数字を組み合わせた強力なパスワードを用いること ・イントラネットのセキュリティは、家庭やオフィスで使用されるプライベートインターネットよりも脆弱であることが多いため、可能であれば、コンピュータへのリモートアクセスを許可しないこと ・パスワードを持たないワイヤレスネットワークに接続することはリスクが高い ・オンラインセキュリティについては、公式ストアと信頼できる開発者からのみアプリケーションをダウンロードする必要がある ・スマートフォン、タブレット端末などのモバイルデバイスを紛失した場合、データが盗み取られることを防ぐため、ユーザー名、キーワード、クレジットカード情報、個人識別情報など、暗号化されていない個人データをモバイルデバイスに過剰に保存しないようにする
金融機関が提供する紙の節約サービスを利用	・詐欺のリスクを減らすために、金融機関が提供する紙の節約サービス（計算書の郵送を止め、オンラインに切り替える）に加入する ・このようなサービスは、電子メールに電子明細書を送信することにより、口座明細書の紙の配達を減らすことになる ・紙の節約サービスを利用することで、個人情報の流通を減らすだけでなく、二酸化炭素排出量を削減するという倫理的慣行にも貢献できる
珍しい銀行取引に目を光らせる	・請求内容が正しいことを確認するために、常に自分の口座明細をチェックする ・口座明細のエラーを見つけた場合、できるだけ早く説明を金融機関に求めること ・時々、詐欺師は、毎月銀行口座からごくわずかな金額を盗み取ることがあるので、小額なトランザクションを数カ月間見過ごしている可能性があるので、注意を払うこと
クレジットカードやデビットカードが見えるようにする	・クレジットカードやデビットカードなどのペイメントカードで支払う場合、誰にも見えない場所でのペイメントカードのトランザクション処理を行うことを許可しないこと（顧客が見える場所でクレジットカードの処理を行うよう促す） ・クレジットカードなどのペイメントカードのトランザクション処理が、あなたの目の前で行われることを常に求めること ・同様に、PIN（暗証番号）を打ち込むときや ATM カード（オンラインデビットカード）を使用するときは、常に不正行為が行われないよう、トランザクション処理に注意すること
安全な取引を行う	・オンライン取引の場合、インターネットで購入するためにアクセスするサイトが完全に安全で信頼できるサイトであることを確認すること ・プロバイダーは、身元、氏名、販売ポリシー、プライバシーに関する情報、および物理的な場所に関する情報を提供する必要がある ・ウェブサイトを所有している会社の法的情報を確認できない場合、低価格に誘惑されないようにする

出典：Wiki、Trans Union の HP

フィッシング詐欺に対するセキュリティの開発には、これまで多くの努力が払われているものの、フィッシング詐欺の手法も同様に進化が進んでいる。

AI（人工知能）の出現により、ハッカーはフィッシング詐欺を容易に実行できるようになったといわれている。AIにより、ハッカーはより多くのオンラインメディアに到達できるようになった。オンラインのツールのほか、ソフトウェアやオープンソースコードなどにより、ハッカーは実行計画を立てることができるようになったといわれている。

フィッシング詐欺の一般的な手口の１つは、まず最初に被害者に対して切迫感を植え付けることである。多くのフィッシング詐欺では、詐欺師は被害者に対して個人情報の確認を求め、その後に警告が表示される。このような警告では、アカウントの非アクティブ化について説明している場合がある。このような警告を行うウェブサイト、またはＥメールには、注意を要する。これらのフィッシング詐欺のＥメールの多くは、「Dear XXXX」から始まる。

多くのフィッシング詐欺は、被害者の信頼を得るために、有名なブランド名の信頼性を利用する。フィッシング詐欺は、詐欺ではないことが信じられるように見せるために、ブランド会社のロゴを表示することが多い。

フィッシング詐欺における詐欺被害者に対する別のアプローチに、寄付金を募るチャリティーがある。想定されるネットワークと提携していない偽のチャリティーサイトがたくさん存在している。この種の慈善団体などをかたるフィッシング（Phishing）詐欺は、後々まで被害者の感情に悪い影響を及ぼす。

フィッシング詐欺には、いろいろな手口が知られている。（図表19）は、「欺瞞的なフィッシング詐欺」（Deceptive Phishing Scams）のほか、「スピアフィッシング詐欺」（Spear Phishing Scams）や「クジラのフィッシング詐欺」（Whale Phishing Scams）、「ファーミングフィッシング詐欺」（Pharming Phishing Scams）、「検索エンジンのフィッシング詐欺」（Search Engine Phishing Scams）、「ビッシングフィッシング詐欺」（Vishing Phishing Scams）、「スミッシングフィッシング詐欺」（Smishing Phishing Scams）、「キャットフィッシング詐欺」（Cat Phishing）、「クローンフィッシング詐欺」（Clone Phishing）といった９つのフィッシング（Phishing）詐欺の手口を示したものである。

(図表18) COVID-19 パンデミック下の不正・詐欺の被害状況（2020 年）

1	フィッシング（Phishing）詐欺	27%
2	正当なオンライン小売ウェブサイトでのサードパーティ業者による売り手詐欺	21%
3	チャリティー詐欺、資金調達詐欺	19%
4	失業関連詐欺	18%
5	不正な COVID-19 ワクチン、治療法、検査、および PPE 詐欺	15%
6	保険詐欺	15%
7	配送詐欺	14%
8	個人情報の盗難	14%
9	クレジットカードの盗難、または不正請求詐欺	13%
10	特別給付金（Stimulus check）詐欺	12%
11	コールセンターを介して個人情報またはアカウント情報を不正に変更する詐欺	12%
12	アカウント乗っ取り（ATO、Account Take Over）詐欺	11%

出典：Trans Union の HP

(図表19) フィッシング（Phishing）詐欺の手口

欺瞞的なフィッシング詐欺 Deceptive Phishing Scams	・フィッシング（Phishing）詐欺の最も一般的な方法は、欺瞞的なフィッシング（Deceptive Phishing Scams）詐欺である ・欺瞞的なフィッシング（Phishing）詐欺では、詐欺師は被害者に対して個人の資格情報を要求する。こうした個人の資格情報には、銀行情報の他、電子メールや社会保障に関する情報がある ・欺瞞的なフィッシング（Deceptive Phishing Scams）詐欺には、多くの形態が知られている ・一般的なフィッシング（Phishing）詐欺の例としては、機密情報を要求するような調査手法が用いられる。こうした調査に関するメッセージには、スペルミスが含まれている場合や、不適切な表現が含まれている場合も多い ・これらのタイプのフィッシング（Phishing）詐欺の多くは、簡単に見つけることができる ・欺瞞的なフィッシング（Deceptive Phishing Scams）詐欺は、最小限のハッキングの知識を必要としている ・欺瞞的なフィッシング（Deceptive Phishing Scams）詐欺は、他の巧妙なフィッシングの手法ほど成功していない
スピアフィッシング詐欺 Spear Phishing Scams	・特定の個人または企業を対象としたフィッシング（Phishing）の試みは、スピアフィッシング（Spear Phishing）と呼ばれている ・スピアフィッシング（Spear Phishing）詐欺は、従業員、経営幹部、または財務データにアクセスできる財務部門で働く従業員などを標的としている ・スピアフィッシング詐欺（Spear Phishing Scams）には、詐欺師によるソーシャルメディアの活動情報の観察が含まれている ・スピアフィッシング詐欺（Spear Phishing Scams）は舞台裏で行われ、プロセスを開始するためにマルウェアとの対話はほとんど必要がない ・スピアフィッシング詐欺（Spear Phishing Scams）は、電子メールを送信するか、ターゲットに合わせた広告を作成する ・Ｅメールは本物のＥメールと同じように作り込まれており、信頼できるソースから送信されているように見せかけている ・ひとつの危険信号は、これらの詐欺師が送信してくるＥメールは、機密情報を要求していることである ・求人応募サイトは、スピアフィッシング詐欺（Spear Phishing Scams）スキームでいっぱいである可能性がある ・多くの求人応募サイトは、求人通知を送信する許可を求めているが、その多くが合法であるが、そうでない求人サイトも含まれている ・求人に関するＥメールが送信される場合があるが、詐欺師が送信してくるＥメールは、ハッキングソースから生成される場合がある。このような場合、被害者は電子メールに返信するべきではない ・このような不正なＥメールを見つける１つの方法は、暗号化されているかどうかを確認することである ・多くのＥメールサイトでは、メッセージを暗号化済みとしてマークしているが、暗号化されていない場合は、セキュリティに問題ありと警告が送信される ・欺瞞的なフィッシング（Spear Phishing）詐欺の戦術を利用した事例としては、ヒラリークリントン氏の 2016 年大統領選挙における選挙妨害事件がある ・ヒラリークリントン氏の 2016 年大統領選挙のウェブサイトにリンクされたＥメールアカウントを標的にし、詐欺師は 1,800 を超える Google アカウントを攻撃し、accounts-google.com ドメインを実装して、標的を脅迫している

クジラの フィッシング詐欺 Whale Phishing Scams	・クジラのフィッシング詐欺（Whale Phishing Scams）は、企業の CEO のアカウントにアクセスしようとする ・CEO とは、Chief Executive Officer の略で、日本語では「最高経営責任者」と訳され、クジラのフィッシング詐欺（Whale Phishing Scams）は、別名 "CEO 詐欺" と呼ばれることがある ・クジラのフィッシング詐欺（Whale Phishing Scams）という用語は、特に上級管理職やその他の著名な標的を狙ったスピアフィッシング（Spear Phishing）詐欺を指す ・このクジラ（Whale）というネーミングは、CEO が大きな標的であることを示している ・CEO のアカウントにアクセスできるハッカーは、ビジネスに関する豊富な情報を盗み取ることができる ・クジラのフィッシング詐欺（Whale Phishing Scams）は、経済的損失、従業員情報の窃盗、および企業のビジネス上の名誉毀損につながる可能性がある ・クジラのフィッシング詐欺（Whale Phishing Scams）の攻撃 E メールの内容は、召喚状や顧客の苦情などのエグゼクティブの問題である可能性がある
ファーミング フィッシング詐欺 Pharming Phishing Scams	・ファーミングフィッシング詐欺（Pharming Phishing Scams）は、正当な Web サイトからユーザーを誘引し、悪意のある Web サイトにリダイレクトさせる ・このファーミングフィッシング詐欺（Pharming Phishing Scams）による方法は、DNS キャッシュへの侵入を行う（DNS キャッシュとは、DNS による IP アドレスやドメイン名の問い合わせ結果を一定期間保存しておき、短期間に繰り返し同じ問い合わせを同じサーバーに送らないようにする仕組みを指す） ・DNS キャッシュの侵入中に、ハッカーは数字の IP アドレスを対応するアルファベットの名前に切り替える ・ほとんどのサイトには、ハッカーをブロックするための何らかの形のプロテクトがあるものの、リダイレクトされた場合は、ポップアップウィンドウではなく、表示ウィンドウからすぐにサイトを閉じる必要がある
検索エンジンの フィッシング詐欺 Search Engine Phishing Scams	・検索エンジンフィッシング詐欺（Search Engine Phishing Scams）は、検索クエリに保存されている個人情報を不正に盗み取る ・この検索クエリに保存されている個人情報は、ユーザーの検索履歴に基づいて、詐欺師が不正行為を行うために利用される ・一部のフィッシング（Phishing）詐欺は、不正なダウンロードまたは悪意のあるサイトへのアクセスの結果として発生する ・検索エンジンのフィッシング詐欺（Search Engine Phishing Scams）サイトは、外観が一意である場合もあれば、正規の検索エンジンサイトの外観をコピーする場合もある
ビッシング フィッシング詐欺 Vishing Phishing Scams	・ビッシングフィッシング詐欺（Vishing Phishing Scams）とは、電話で行われるフィッシング（Phishing）詐欺で、別名 "ボイスフィッシング（Voice Phishing）詐欺" とも呼ばれている ・ビッシングフィッシング詐欺（Vishing Phishing Scams）は、人、または、コンピュータロボットが行うことができる ・ビッシングフィッシング詐欺（Vishing Phishing Scams）は、被害者が機密情報を明らかにすることを巧みに求める ・ビッシングフィッシング詐欺（Vishing Phishing Scams）において、必要なのは人の声だけで、「はい」のような肯定的な答えは、被害者に代わって利用することができる ・録音され、盗み取られた音声情報は、機密情報にアクセスするための別の手段として、利用することができる
スミッシング フィッシング詐欺 Smishing Phishing Scams	・スミッシングフィッシング詐欺（Smishing Phishing Scams）は "SMS フィッシング（SMS Phishing）詐欺" とも呼ばれ、上記の電話によるビッシングフィッシング詐欺（Vishing Phishing Scams）のようなものである ・アプローチはビッシングフィッシング詐欺（Vishing Phishing Scams）と類似しており、スミッシングフィッシング詐欺は主に SMS（Short Message Service）を介して行われる ・スミッシングフィッシング詐欺（Smishing Phishing Scams）は、携帯電話のテキストメッセージを利用して餌となる E メールを配信し、人々に個人情報を漏らすように誘導する ・人またはボット（Bot）は、被害者を詐欺に誘い込むために、説得力のあるプロファイルを選ぶ ・スミッシングフィッシング攻撃は通常、ユーザーにリンクをクリックするか、電話番号に電話をかけるか、SMS メッセージを介して攻撃者から提供された電子メールアドレスに連絡するように促す ・その後、被害者は個人データを提供するように求められる。多くの場合、他の Web サイト、またはサービスへのログイン情報などだ。モバイルブラウザの性質上、URL が完全に表示されない場合がある ・これにより、不正なログオンページを特定することがより困難になる可能性がある ・モバイルフォンのマーケットはすでに飽和状態にあるため、高速インターネット接続を備えたスマートフォンでは、SMS を介して送信された悪意のあるリンクは、E メールを介して送信された場合と同じ結果をもたらす可能性がある ・スミッシングフィッシングメッセージには、奇妙な形式または予期しない形式の電話番号から送信される場合がある
キャット フィッシング詐欺 Cat Phishing Cat Fishing	・キャットフィッシング詐欺には、「Ph」で綴られる「Cat Phishing」と「F」で綴る「Cat Fishing」の 2 つがある ・キャットフィッシング（Cat Phishing）詐欺は、情報やリソースにアクセスするオンライン詐欺である ・キャットフィッシング（Cat Fishing）詐欺は、キャットフィッシング（Cat Phishing）詐欺と似ているものの、別名 "ロマンス詐欺" と呼ばれ、ロマンチック（恋愛）な関係に仕上げるためにソーシャルネットワーク上に架空の人物が存在している ・この詐欺は、通常オンラインで始まり、現実のロマンスに進むという流れがあるものの、現実のロマンスは詐欺師の目的ではない ・一般的に、詐欺師はお金やリソースへのアクセス、または被害者からの贈り物やその他の貢ぎ物を求めている
クローン フィッシング詐欺 Clone Phishing	・クローンフィッシング（Clone Phishing）詐欺は、フィッシング（Phishing）攻撃の一種で、添付ファイルまたはリンクを含み、以前に配信された正当な E メールのコンテンツと受信者アドレスが取得され、ほぼ同一、または複製された E メールが作成される ・E メールの添付ファイル、またはリンクは悪意のあるバージョンに置き換えられ、元の送信者からのものであるように見せかけた E メールアドレスから送信される ・詐欺師は、オリジナルまたはオリジナルへの更新バージョンの再送であると主張する場合がある ・通常、これには、送信者または受信者のいずれかが、悪意のある第三者によって E メールを取得するため、以前にハッキングされているケースが多い

出典：Trans Union の HP、他

6、ATO（Account Take Over、口座の乗っ取り）

インターネット大国であり、カード大国であるアメリカで、ATO（Account Take Over、口座の乗っ取り）という不正が急速に拡大している。特に、2015年に、偽造カード対策をメインにアメリカでEMVスタンダードのICカード化が行われ、ライアビリティシフト（債務責任の移転）が行われてから、カード不正を働く詐欺師の犯罪組織はCP（Card Present）ベースの店頭におけるカード不正から、CNP（Card Not Present）ベースのオンラインによるカード不正に急速に移行し、これに伴い、銀行口座やクレジットカード口座などの金融関連口座のみならず、Eコマースにおけるオンラインマーチャントの口座や電子財布口座、カスタマー・ロイヤリティ・プログラムの口座などが狙われ、大きな損害を発生させている。

アメリカでは、EMVスタンダードのICカード化に伴うライアビリティシフトが始まった2015年からATOによる不正の損害が急増しており、2016年度では1,500万人以上が個人情報と金融情報を盗まれ、2015年度比16％増加している。さらに、2017年度では、ATOによる不正の被害者は3倍に拡大し、その損失額は51億ドル（約5,610億円）と120％も増加している。2017年度におけるATOによる不正の解決に要する時間は平均16時間ともいわれ、その失われた損失は平均290ドル（約3万1,900円）といわれている。

スマートフォンがますます我々のアイデンティティに深くかかわるようになるにつれて（例えば、ログインに使用される電話番号、テキスト、音声、または他のタイプの多要素認証の主要な要素としての電話）、詐欺師はより積極的にターゲットをモバイルアカウントに移しているといわれている。携帯電話（スマートフォン）のアカウントの乗っ取りは、2017年度から2018年度にかけて180％増加し、70万件近くのATOインシデントが発生している。携帯電話番号を乗っ取るということは、詐欺師がその番号に関連付けられている全てのオンラインアカウントを制御するだけでなく、SMSメッセージを傍受する可能性があることを意味する。詐欺師にとって携帯電話番号（スマートフォン）を乗っ取ることは、金融アカウントのログイン方法を確認するための好ましい方法であるといわれている。

ATOによる不正は、個人情報の盗難（Identity Theft）の一種であるとする考えがあるが、ATO不正では、詐欺師は乗っ取った既存のアカウントを不正に利用し、金銭的な利益などを得る。一方、個人情報の盗難（Identity Theft）の場合、詐欺師は盗み取った個人情報を利用し、被害者本人を装いながら新たな口座（アカウント）を開設し、金銭的な利益を得ている。

ATOによる不正は、Eコマースのオンラインマーチャントとその顧客の双方に大きな損害を与えている。オンラインマーチャントは、チャージバックで金銭的な損害を被り、評判を損なっている。一方、顧客は、チャージバックなどで、金銭的な損害は免れるものの、トラブルの解決に多くの時間を費やし、SMSのアカウントが乗っ取られた場合は、友人との信頼関係が失われる懸念がある。

企業は詐欺師から会社を守るだけではなく、同時に善良な顧客を保護する必要がある。優良な顧客の口座が乗っ取られた場合、損害が発生する前に保護されなければならない。従って、最終的なアクション、チャージバックなど実際の顧客の資産の盗難のみに対処する詐欺ソリューションに依存するだけでは十分ではなく、企業は不正が発生する前に、善良な顧客にも焦点を当て、ATOの問題に対処する必要がある。

ATOは、簡単な問題ではなく、困難な予防的な不正検出策が求められる。潜在的な攻撃を見つけて、それらを起動する前に停止させる必要がある。インキュベーション中のアカウントを特定し、それらが何のために準備されているかを認識し、それらを無力化してから、主要な協調攻撃で使用できるようにする必要がある。ATOの不正を防止するには、アカウントレベルでの防止策が必要で、アカウントが侵害された瞬間を認知する必要がある。これにより、会社が損害を被ることを防ぎ、善良な顧客の安全で安心なエクスペリエンス（顧客体験）を維持することができる。

また、ATOによって行われる不正は、侵害されたアカウントを使用して購入を試みる前に、疑わしいアカウントアクティビティを検出することで防ぐことが必要である。このためには、不正マネージメントソリューションで、次のことを行う必要がある。
・アカウントの作成、ログイン、更新の監視に基づいて、アカウントアクションにチャレンジ、またはブロックする
・使用するユーザー名、パスワード、アドレス、デバイスに関連するデータを考慮に入れる
・クロスマーチャントデータを考慮に入れる
・アカウント監視結果を利用し、購入の試みに対しては、不正防止ルールを適用する

7、イギリスのAPP（Authorized Push Payment Fraud、承認されたプッシュペイメント不正）

イギリスでは"APP"（Authorized Push Payment、承認されたプッシュペイメント）不正と呼ばれる金融不正・詐欺による被害が、近年急速に拡大している。このAPP詐欺による損失は、そのほとんどが詐欺師のオンラインプラットフォームの悪用や電話によって引き起こされている。これらのAPP不正には、検索エンジンで宣伝されている投資詐欺やソーシャルメディア、オンラインデートプラットフォームなどを介して行われたロマンス詐欺、オークションWebサイトを介して宣伝された購入詐欺などがある。

こうしたAPP不正においては、被害者がオンラインバンキングやテレフォンバンキングなどで支払いを承認すると、Faster Payments（本社：イギリス、ロンドン、開始：2008年）などのダイレクトクレジット（口座振込）である即時送金・決済サービスにより、被害者の銀行口座の資金が詐欺師の銀行口座に即座に振り替え入金される。詐欺師の銀行口座に資金が入金されると、詐欺師は直ちに当該資金を他の銀行口座に移転させる。イギリスで発生しているAPP不正の多くは、海外の第三者の銀行口座に資金が送られ、そこでキャッシュアウト（口座からの資金の引き出し）されるといわれている。こうしたAPP不正は、銀行口座を介して行われるので、"銀行の振り込め詐欺"とも言われている。

こうしたAPP不正は、Faster Paymentsなどのダイレクトクレジットである即時送金・決済サービスの普及・拡大によって増えていった経緯があるといわれている。なお、ヨーロッパのPSD（Payment Services Directive、決済サービス指令）においては、加盟国の銀行などの金融機関に対して、Faster Paymentsなどのダイレクトクレジットの即時送金・決済サービスの普及拡大を奨励しているという背景もある。

（図表20）は、UK FINANCEの『FRAUD – THE FACTS 2020』による、イギリスにおけるAPP不正の個人ベースと法人などの非個人ベースの損害額などについて、2018年度と2019年度の発生状況を比較したものである。

個人ベースでは、件数が事例数で47％増、決済件数で52％増加し、損害額は39％増加している。被害者への金融機関からの償還（払い戻し）は、2018年度が42百万ポンド（約58億円）に対し、2019年5月に開始されたCRM（Contingent

Reimbursement Model、条件付き償還モデル）コード（自主的行動規範）のスタートにより、2019 年度は 82 百万ポンド（約 114 億円）と 40 百万ポンド（約 56 億円）94% 増となっている。

　企業や団体など非個人ベースでは、件数が事例数で 20% 増、決済件数で 19% 増加し、損害額は 10% 増加している。個人ベースに比べると、対前年比の増加率は低い。被害者への金融機関から償還（払い戻し）は、2018 年度が 40 百万ポンド（約 56 億円）に対し、2019 年度は 34 百万ポンド（約 47 億円）と 6 百万ポンド（約 8 億円）16% 減となっている。

　個人ベースと企業や団体など非個人ベースのトータルでは、件数が事例数で 45% 増、決済件数で 50% 増加し、損害額は 29% 増加している。被害者への金融機関からの償還（払い戻し）は、2018 年度が 83 百万ポンド（約 116 億円）に対し、2019 年 5 月に開始された CRM コードのスタートにより、2019 年度は 116 百万ポンド（約 162 億円）と 33 百万ポンド（約 46 億円）40% 増となっている。

○ APP 不正におけるペイメントチャネル別不正件数

　（図表 21）は、イギリスの APP 不正におけるペイメントチャネル別不正件数を 2019 年度上半期と 2020 年度上半期で比較したものである。インターネットバンキングによる送金・決済件数は、2019 年度上半期が 5 万 8,147 件、2020 年度上半期が 5 万 3,566 件で、対前年比 8% 減である。APP 不正に占めるインターネットバンキングの件数ベースの割合は、2019 年度上半期が 67.5%、2020 年度上半期が 52.1% と半分以上を占めている。一方、モバイルバンキングによる送金・決済件数は、2019 年度上半期が 1 万 9,149 件、2020 年度上半期が 4 万 3,102 件で、対前年比

125% 増である。モバイルバンキングの APP 不正に占める割合は、2019 年度上半期が 22.2%、2020 年度上半期が 41.9% と急速にシェアアップしている。

○ APP 不正におけるペイメントタイプ別不正件数

　（図表 22）は、イギリスにおける APP 不正におけるペイメントタイプ別の不正件数を 2019 年度上半期と 2020 年度上半期で比較したものである。ダイレクトクレジットで、即時送金・決済サービスの Faster Payment は、2019 年度上半期が 8 万 1,629 件、2020 年度上半期が 9 万 7,939 件で、対前年比 20% 増である。APP 不正に占める Faster Payment の件数ベースの割合は、2019 年度上半期が 94.8%、2020 年度上半期が 95.3% とその大半を占めている。

○ Faster Payments

　Faster Payments Scheme 社（本社：イギリス、ロンドン、開始：2008 年）の即時のダイレクトクレジットである Faster Payment は、資金振替・送金の決済サービスを、インターネットのほか、モバイル、電話などにより、（パソコンなどの）ボタンを押すだけで簡単に 1 日 24 時間いつでも迅速に行うことができる。

　Faster Payments Scheme 社は非営利企業であり、Pay.UK 社によって、管理および運営されているペイメントソリューションの会社である。この Faster Payments スキームへの参加は、それに必要な技術的要件を満たすことができる全ての銀行などの金融機関や認可されたペイメントサービス・プロバイダー、または認可された電子マネー機関に対して解放されている。

　2018 年 5 月 1 日から、Pay.UK 社によって Faster Payments シ

（図表 20）イギリスの APP 不正の発生状況（2018 年度〜 2019 年度）

	個人ベース	2018 年度	2019 年度	対前年比
件数	事例数	78,215 件	114,731 件	47%
	決済件数	114,717 件	174,798 件	52%
金額	金額	228 百万ポンド	317 百万ポンド	39%
	償還金額	42 百万ポンド	82 百万ポンド	94%
	非個人ベース	2018 年度	2019 年度	対前年比
件数	事例数	6,409 件	7,706 件	20%
	決済件数	8,950 件	10,651 件	19%
金額	金額	126 百万ポンド	139 百万ポンド	10%
	償還金額	40 百万ポンド	34 百万ポンド	▼ 16%
	合　計	2018 年度	2019 年度	対前年比
件数	事例数	84,624 件	122,437 件	45%
	決済件数	123,657 件	185,449 件	50%
金額	金額	354 百万ポンド	456 百万ポンド	29%
	償還金額	83 百万ポンド	116 百万ポンド	40%

出典：FRAUD – THE FACTS 2020, UK FINANCE

（図表 21）イギリスの APP 不正におけるペイメントチャネル別不正件数（2019 年度上半期〜 2020 年度上半期）

ペイメントチャネルタイプ	2019 年度上半期	2020 年度上半期	対前年比
金融機関の支店窓口	6,599 件	3,355 件	▼ 49%
インターネットバンキング	58,147 件	53,566 件	▼ 8%
テレフォンバンキング	2,248 件	2,775 件	23%
モバイルバンキング	19,149 件	43,102 件	125%
合計	86,077 件	102,778 件	19%

出典：2020 HALF YEAR FRAUD REPORT, UK FINANCE

（図表 22）イギリスの APP 不正におけるペイメントタイプ別不正件数（2019 年度上半期〜 2020 年度上半期）

ペイメントチャネルタイプ	2019 年度上半期	2020 年度上半期	対前年比
Faster Payment	81,629 件	97,939 件	20%
CHAPS	657 件	1,214 件	85%
BACS	1,052 件	466 件	▼ 56%
Intra Bank Transfer（On Us）	612 件	650 件	6%
International	2,157 件	2,509 件	18%
合計	86,077 件	102,778 件	19%

出典：2020 HALF YEAR FRAUD REPORT, UK FINANCE

ステムの監視、システミックリスク管理、および実行と管理の戦略的方向性が示されている。なお、Pay.UK 社は、2017 年 7 月 18 日に保証有限責任会社としてロンドンに設立されている。

2018 年に 10 周年を迎えた Faster Payments は、10 年間で 90 億件を超える資金振替・送金が行われ、その額は 6 兆ポンド（約 840 兆円）を超えている。イギリスにおけるほぼ全てのインターネットバンキングおよびテレフォンバンキングのダイレクトクレジット（口座振込）による送金・決済サービスは、Faster Payments を通じて即時処理が行われている。

現在、Faster Payments には 35 の組織がスキームに参加し、400 を超える銀行などの金融機関がペイメントサービスを提供している。イギリスにおける、5,200 万を超える当座預金口座保有者が、Faster Payments の迅速な支払いを利用している。

カード偽造やカードの紛失・盗難などカード不正の場合、その大半の不正による被害額はユーザーに償還（払い戻し）されるが、APP 不正の場合、消費者または事業者によって"承認"された資金の送金・決済であり、以前は APP 不正による損害は金融機関などから償還（払い戻し）は行われていないケースが多かった。

そうした中、PSR（Payment System Regulator、決済システム規制局）[※] などが主導し、2019 年 5 月に CRM コードが定められ、被害者対策として一定の条件のもと、金融機関などから被害額の償還がより自主的に行われるようになっている。

[※] PSR（Payment System Regulator）は、イギリスのペイメントシステムを規制するために 2015 年に設立され、本部をロンドンに置いている。PSR の目的は、（図表 23）の通り。

（図表 23）PSR の目的

・PSR は、ペイメントシステムを利用するする全ての企業と消費者の利益を考慮し、ペイメントシステムが開発され、運用されることを促進する
・PSR は、ペイメントシステムとペイメントサービスの市場における効果的な競争を促進する
・PSR は、ペイメントシステム、特にシステムの運用に使用されるインフラストラクチャの開発と革新を促進する

出典：PSR（Payment System Regulator）の HP

○ CRM（Contingent Reimbursement Model）コード

CRM コードは、APP 不正の被害者に対して、被害額を償還するための金融業界のコードが 2019 年 5 月に採用されている。その後、CRM コードの有効期限は、2 回に渡って延長されている。最初は 2020 年 3 月末まで、次に 2020 年 12 月末までである。

現在、CRM コードは、あくまでも銀行などの金融業界の自主的な業界コードに基づいて運用されており、強制力のある法令に基づいたものではないので、全てのイギリスの銀行などの金融機関がこの CRM コードにサインしているわけではない。CRM コードの署名者である銀行などの金融機関は、詐欺師に騙されてダイレクトクレジットで口座から送金された全ての顧客に対して、償還（払い戻し）を行うことを約束しているものの、銀行などの金融機関などからのアドバイスを無視して行った場合などには、ユーザーからの払い戻し請求を拒否する権利を留保している。

UK Finance が発表した数字によると、2019 年度に、APP 不正で、個人ベース、非個人ベース合わせて 4 億 5,600 万ポンド（約 638 億円）が失われている。2019 年度における個人ベースでの APP 不正は、11 万 4,731 件発生し、APP 不正で 3 億 1,700 万ポンド（443 億円）を失っている。

CRM コードは、2019 年 5 月 28 日に開始されており、2019 年 5 月 28 日から 2019 年 12 月 31 日までの間に CRM コードに基づいて評価された APP 不正事件での損害額は 1 億 100 万ポンド（約 141 億円）で、そのうち 4,100 万ポンド（約 57 億円）が被害者に返還され、その償還（払い戻し）率は 41% である。この

41% という償還率の数字はさほど高くないように見えるが、2018 年に報告された APP 不正の損害額の償還率は 19% にとどまっており、CRM コード開始後の償還率は 2018 年度の 2 倍以上に増えている。

> イギリスの大手金融機関である TSB バンク（本社：スコットランド、エジンバラ、創業：1810 年）は、2019 年 5 月に CRM コードが導入されて以来、APP 不正により損害を受けた顧客の 99% に償還を行ったとしている。TSB バンクは、取引詐欺の被害を受けた顧客に返金することを約束した独自の"不正返金保証"を顧客に提供することにより、2019 年 5 月の CRM コードの導入に先んじていた。償還率が 100% ではなく 99% なのは、顧客自身が APP 不正事件に加担していることが判明したためとしている。また、TSB バンクでは、多くの APP 不正は電話でも行われるため、顧客が電話詐欺を見つけて回避するのに役立つ専用ガイドブックを作成している。

おわりに

2021 年 3 月末に株式会社 TI プランニングから刊行予定の『カード不正と将来展望』では、筆者が欧米のカード不正やオンライン不正の手口・手法を掘り下げ、その対策を詳しくレポートしている。また、AI や MI を駆使したペイメントカード不正やオンライン不正対策ソリューションを紹介するほか、こうした不正対策のソリューションプロバイダーを紹介する。

今回の内容は、3 月末に刊行予定の同レポートの一部を紹介したものであり、本内容と合わせて『カード不正と将来展望』（P57 で紹介）にも目を通していただければ幸いである。

＜第 7 章　参考文献・資料＞
● 文献、レポート、他
・The PAYPERS、Fraud Prevention and Online Authentication Report 2020/ 2021
・The PAYPERS、Fraud Prevention and Online Authentication Report 2019/ 2020
・FRAUD – THE FACTS 2020, UK FINANCE
・European Fraud Report – Payment Industry Challenges
・FRAUD – THE FACTS 2020, UK FINANCE
・2020 HALF YEAR FRAUD REPORT, UK FINANCE
・「事例に学ぶサイバーセキュリティ」経団連出版
・「カードセキュリティのすべて」日本実業出版
・「責任論とカード犯罪」成文堂
・「クレジットカード犯罪トラブル対処方」民事法研究会
・「改訂・クレジットカード犯罪トラブル対処方」民事法研究会
・「インターネット＆クレジットカード犯罪トラブル対処方」
　民事法研究会
・「改正割賦販売法でカード決済はこう変わる」日経 BP
・「PCI DSS・カードセキュリティレポート」TI プランニング
・「世界のオンライン決済・不正対策市場要覧」TI プランニング
・「カード決済＆セキュリティの強化書 2017」TI プランニング
・「カード決済＆セキュリティの強化書 2018」TI プランニング
・「カード決済セキュリティ PCI DSS ガイドブック」TI プランニング
・「カード決済＆セキュリティの強化書 2019」TI プランニング
・「PCI DSS・カードセキュリティ実行計画対策ガイド」
　TI プランニング
● 定期刊行物
・Nilson Report 誌各号
・FRAUD Magazine、Vol.35 No.6
・「月刊消費者信用」誌各号
・「Card Wave」誌各号
● ウェブ
・ACFE（Association of Certified Fraud Examiners）の HP
・凸版印刷の HP
・VISA Europe の HP
・UK FINANCE の HP
・DCPCU の HP
・Wiki
・Trans Union の HP
・PSR（Payment System Regulator）の HP

書籍「キャッシュレス・セキュリティガイド」
最新のセキュリティ動向やPCI DSS等の事例、グローバルの状況を徹底網羅

株式会社TIプランニング

マーケティング、カード・電子決済、IT・通信サービスなどのコンサルティング、
調査レポート・書籍の発行、セミナー運営、ポータルサイト「ペイメントナビ
（payment navi）」運営などのサービスを手掛ける企業です。

ペイメントナビ（paymentnavi）

株式会社TIプランニングの運営するカードビジネスを中心とした総合ポータルサイト
であり、サイト内ではクレジットカードなどの決済、カードセキュリティ、PCI DSS、
ICカード、ポイントカードなどの最新業界情報や最新ニュースが掲載されています。

発行日：2021 年2 月22日　初版第1発行刷
価　格：2,000円＋税
発　行：株式会社TIプランニングペイメントナビ編集部
編　集：株式会社TIプランニング/ペイメントナビ（payment navi編集部）
所在地 〒160-0011
　　　東京都新宿区若葉1-4-2 スミカワビル4F
　　　TE L (03) 5357-7077
　　　FAX (03) 5357-7179
ディレクター：池谷 貴
執　　筆：ペイメントナビ編集部
　　　　　坂本潤子
　　　　　和田文明
デザイン：中村陽子